池田大作先生監修

現代語訳

開目抄 上

創価学会教学部編

目次

開目抄（上）

第3段 インド思想の三徳《さんとく》

(御書一八七ジペー八行目~一八八ジペー五行目)

第4段 内外相対《ないげそうたい》(仏教と諸思想の比較《ひかく》)

(御書一八八ジペー六行目~十三行目)

第5段 権実相対《ごんじつそうたい》(権経《ごんきょう》と法華経の比較)

(御書一八八ジペー十四行目~十八行目)

第19段　滅後の難信《なんしん》のまとめ

（御書一九九ページ十行目～二〇〇ページ一行目）

第20段　末法《まっぽう》の法華経の行者《ぎょうじゃ》の誓願《せいがん》

（御書二〇〇ページ二行目～十六行目）

第21段　法華経の行者《ぎょうじゃ》であることをあらあら示す

（御書二〇〇ページ十七行目～二〇二ページ七行目）

第24段　二乗《にじょう》は法華経の深い恩を報ずべき

第25段　二乗の守護がないと疑う

装幀　株式会社プランク　松田　和也

一、本書は、「大白蓮華」に連載された創価学会教学部編、池田大作先生監修「現代語訳『開目抄』」（二〇一二年九月号〜十一月号）のうち、御書全集の「開目抄　上」に該当する部分を、監修者の了解を得て「現代語訳『開目抄』（上）」として収録した。

一、御書全集に対応するページ数を、現代語訳本文の上段に（　）で示した。

一、理解を助けるため、御書本文の語句を適宜〔　〕に入れて示した。また小見出しを適宜付した。

一、経論等の引用箇所は、読みやすさを考え、書体を変えてある。

一、読みが難しい漢字には、ルビを振った。読みの統一などのため、一部、御書全集のルビを改めたものがある。

一、説明が必要と思われる語句には、〈注○〉を付け、各段の終わりに「注解」を設けた。

一、御書の引用は、『新編　日蓮大聖人御書全集』（創価学会版、第二六六刷）を（御書○○㌻）で示した。

一、法華経の引用は、『妙法蓮華経並開結』（創価学会版、第二刷）を（法華経○○㌻）で示した。

一、日寛上人による御書の文段からの引用は、『日寛上人文段集』（聖教新聞社刊）を（文段集○○㌻）で示した。

一、本抄全体に関する解説は、「現代語訳『開目抄』（下）」に収録した。

現代語訳

開目抄（上）

第1段　三徳《さんとく》の標示《ひょうじ》

（御書一八六ページ一行目）

誰もが尊敬すべき主師親《しゅししん》を示す

誰もが尊敬しなければならないものが、三つある。すなわち主《しゅ》・師《し》・親《しん》である。また、学ばなければならないものが、三つある。すなわち、儒教《じゅきょう》などの中国の諸思想〈注1〉、仏教以外のインドの諸思想〈注2〉、そして内道《ないどう》〈注3〉である仏教である。

◇注　解◇

〈注1〉【儒教《じゅきょう》などの中国の諸思想】御書本文は「儒」（一八六ページ）。本抄では、儒教を中国の諸思想の代表として、道教《どうきょう》なども含む、中国思想全般を指す言葉として用いられている。また「外典《げてん》」とも呼ばれている。

〈注2〉【仏教以外のインドの諸思想】御書本文は「外」（一八六ページ）。仏教以外のインドの諸思想を「外道《げどう》」と呼ぶ。これには、古代からの伝統宗教であるいわゆるバラモン教の思想や釈尊《しゃくそん》と同時代に興隆《こうりゅう》していた新興《しんこう》の諸思想を含む。

〈注3〉【内道《ないどう》】仏教以外の教えを外道というのに対して、仏教をいう。

第2段　中国思想の三徳《さんとく》

（御書一八六ジペー二行目～一八七ジペー七行目）

古代中国の文化を開いた三皇《さんこう》・五帝《ごてい》

中国の諸思想では、三皇《さんこう》・五帝《ごてい》・三王《さんおう》〈注1〉を至高《しこう》の尊《とうと》い方と呼び、臣《しん》下《か》を正しく導《みちび》く頭や目のような存在、万民《ばんみん》を安全に渡す橋のような存在としている。

三皇《さんこう》が現《あらわ》れる前は、人々は誰が自分の父であるか分からず、みな鳥や獣《けもの》と変わりがなかった。五帝《ごてい》が現れて以後は、誰が父母であるかを知って孝行《こうこう》をするようになった〈注2〉。具体的な例を挙げると、重華《ちょうか》（舜帝《しゅんてい》）〈注3〉は、頑迷《がんめい》な父をも敬《うやま》い、沛公《はいこう》（漢《かん》の劉邦《りゅうほう》）〈注4〉は皇帝《こうてい》となった後も、父君を尊敬した。周《しゅう》の武王《ぶおう》〈注5〉は、亡《な》き父・西伯《せいはく》（文王《ぶんおう》）〈注6〉の木像《もくぞう》を造《つく》り〈注7〉、後漢《ごかん》の丁蘭《ていらん》〈注8〉は亡き母の像を造って、生前同様に敬った。これらは孝《こう》の手本である。比干《ひかん》〈注9〉は、殷《いん》がこのままでは滅《ほろ》びてしまうと思って、敢《あ》えて紂王《ちゅうおう》を諫《いさ》め、首をはねられた。弘演《こうえん》〈注10〉という者は、主君である衛国《えいこく》の懿公《いこう》が殺され、その肝《きも》が捨てられているのを見て、自分の腹を切り裂き、その肝を入れて死んだ。これらは忠《ちゅう》の手本である。尹寿《いんじゅ》〈注11〉は堯王《ぎょうおう》の師、務成《むせい》〈注12〉は舜王《しゅんおう》の師、太公望《たいこうぼう》〈注13〉は周《しゅう》の文王《ぶんおう》の師、老子《ろうし》〈注14〉は孔子《こうし》〈注15〉の師である。これら四人を四聖《しせい》と呼ぶ。至高《しこう》の尊い方たちも頭《こうべ》を垂《た》れて敬い、万民《ばんみん》も尊敬して手を合わせた。

中国思想は「三玄《さんげん》」が代表

これらの聖人《しょうにん》〈注16〉に、「三墳《さんぷん》」「五典《ごてん》」「三史《さんし》」〈注17〉など三千巻を超《こ》える書物がある。それらが明らかにする道理は、「三玄《さんげん》〈三つの深遠な書籍〉」〈注18〉の域を出ない。

「三玄《さんげん》」とは、第一に「有の玄《げん》」で、周公旦《しゅうこうたん》〈注19〉らがこれを立てた。第二に「無《む》の玄」で、老子《ろうし》らが立てた。第三は「有でも無でもある」などとする説で、荘子《そうし》〈注20〉のいう玄《げん》がこれである。

「玄《げん》」という字の意味は、黒である。父母すら生まれていない過去について、これらの教えではどう説《と》いているかを見てみると、万物を生成《せいせい》する根源的な要素〈元気〉から生じたと言ったり、貴賤《きせん》・苦楽・是非《ぜひ》・得失《とくしつ》などの違いは、皆おのずからそうである〈自然〉と言ったりしている〈注21〉。

真の賢人《けんじん》・聖人《しょうにん》ではない中国思想の聖人

このように巧《たく》みに理論を立ててはいるが、まだ過去世《かこせ》・未来世《みらいせ》のことは少しも知らない。「玄《げん》」という字の意味は、黒である。また、暗く、かすかであるということである。このようであるから「玄」というのである。ただ現世《げんせ》のことだけを知っているぐらいのものである。この世にいる間は、仁《じん》・義《ぎ》など〈注22〉の徳目《とくもく》を立てて、自分の身を守り、国の安泰《あんたい》を図る。この仁・義などに反すれば一族を滅《ほろ》ぼし一家を滅ぼしてしまうなどと言っている。

これらの賢人《けんじん》・聖人《しょうにん》は、聖人であるとはいっても、過去世《かこせ》を知らないありさまは、人が自分の背中を見ることができないのと同じである。また未来世《みらいせ》も見通せないありさまは、目の見えない人が前を見ることができないのと同じである。

ただ現世《げんせ》でだけ、家を治《おさ》め、孝行《こうこう》を尽くし、仁《じん》・義《ぎ》・礼《れい》・智《ち》・信《しん》という五常《ごじょう》をしっかりと実践する。その人は、同輩にも尊敬され、名声も国中に響きわたる。賢王《けんおう》も、呼び寄せて臣下《しんか》としたり、師として頼みにしたり、王の位《くらい》を譲《ゆず》ったりする。その時には、神々までもがその人のもとにやって来て仕《つか》えるのである。周《しゅう》の武王《ぶおう》のもとに五人の長老《ちょうろう》〈注23〉がやって来て仕えたという話や、後《ご》漢《かん》の光武帝《こうぶてい》〈注24〉のもとに天の二十八の星座《せいざ》がやって来て二十八人の将軍となったというのは、この例である。

しかし、過去世《かこせ》・未来世《みらいせ》のことは知らないので、父母・主君・師匠《ししょう》が亡《な》くなった後、来世《らいせ》の安楽のために力添《ちからぞ》えをすることもできない。恩知らずの者である。それでは、本当の賢人《けんじん》でも聖人《しょうにん》でもない。

中国思想は仏法の入り口

孔子《こうし》が「この中国に賢人《けんじん》・聖人《しょうにん》はいない。西の方にブッダ〈仏〉〈注25〉という者がいる。その人が聖人である」と言って、中国の諸思想を仏法への入り口としたのは、このことを意味している。

まず儀礼《ぎれい》や音楽などの制度や文化〈注26〉を教えておいて、その後に仏教経典が伝来《でんらい》するなら、戒《かい》・定《じょう》・慧《え》の三学《さんがく》〈注27〉を理解しやすくなるだろうと考えて、王と臣下《しんか》の違いを教えて尊卑《そんぴ》の序列《じょれつ》を定《さだ》め、父母の存在を教えて孝行《こうこう》の道が崇高《すうこう》であることを知らせ、師匠《ししょう》を教えて帰依《きえ》するということを分からせたのであった。

妙楽大師《みょうらくだいし》（湛然《たんねん》）〈注28〉はこう述べている。

「中国に仏教が流布《るふ》したのは、実は孔子《こうし》や周公旦《しゅうこうたん》らが儀礼《ぎれい》や音楽などの制度や文化を定めておいてくれたおかげである。それらが先に広まって、仏法という真の道が後に世の中に実践されるようになるのである」と。

天台大師《てんだいだいし》（智顗《ちぎ》）〈注29〉は次のように述べている。

「金光明経《こんこうみょうきょう》〈注30〉には『全世界の、あらゆる善《よ》い教えは皆この経から生まれる』とある。もし深く世法《せほう》〈注31〉を理解すれば、世法はそのまま仏法である」と。

さらに、『摩訶止観《まかしかん》』〈注32〉には「私（仏）は、三人の聖人《しょうにん》を中国に派遣して、中国の人々を教化《きょうけ》しよう」という引用文《いんようもん》がある。

それを受けて妙楽大師《みょうらくだいし》は『止観輔行伝弘決《しかんぶぎょうでんぐけつ》』〈注33〉でこう述べている。「清浄法行経《しょうじょうほうぎょうきょう》〈注34〉には『月光菩薩《がっこうぼさつ》はあの地で顔回《がんかい》〈注35〉と名乗り、光浄菩薩《こうじょう》はあの地で孔子《こうし》と呼ばれ、迦葉《かしょう》菩薩はあの地で老子《ろうし》と名乗る』とある。インドからこの中国を指して、『あの地』と言っているのである」と。

◇注　解◇

〈注1〉【三皇《さんこう》・五帝《ごてい》・三王《さんおう》】古代中国の伝説上の理想的な王たち。それぞれに諸説があり、三皇は伏羲《ふっき》・神農《しんのう》・黄帝《こうてい》などの説、五帝は少昊《しょうこう》・顓頊《せんぎょく》・帝嚳《ていこく》・唐堯《とうぎょう》・虞舜《ぐしゅん》などの説、三王は夏《か》の禹王《うおう》、殷《いん》の湯王《とうおう》、周《しゅう》の文王《ぶんおう》などの説がある。

〈注2〉「八宗違目抄《はっしゅういもくしょう》」には「五百問論《ごひゃくもんろん》に云《いわ》く『若《も》し父の寿《じゅ》の遠《おん》を知らずして復父統《またふとう》の邦《くに》に迷《まよ》わば徒《いたず》らに才能《さいのう》と謂《い》うとも全く人の子に非《あら》ず』又云《またいわ》く『但恐《ただおそ》らくは才一国に当《あた》るとも父母の年を識《し》らざらんや』

古今仏道論衡《ここんぶつどうろんこう》〈道宣《どうせん》の作〉に云《いわ》く『三皇已前《さんこういぜん》は未《いま》だ文字《もんじ》有らず但其《ただそ》の母を識《し》って其の父を識《し》らず禽獣《きんじゅう》に同じ〈鳥等なり〉』等云云《とううんぬん》、〈慧遠法師《えおんほっし》周《しゅう》の武帝《ぶてい》を詰《なじ》る語《ことば》なり〉」（御書一五五ページ）とある。『古今仏道論衡』は『集古今仏道論衡《じゅうここんぶつどうろんこう》』のこと。

〈注3〉【重華《ちょうか》（舜帝《しゅんてい》）】中国古代の伝説上の帝王である虞舜《ぐしゅん》のこと。『史記《しき》』によると、頑迷な父をはじめ家族は悪徳で乱れていたが、孝行《こうこう》して導《みちび》いた。これを知った堯王《ぎょうおう》から認められ帝位を譲り受け、善政を行ったとされる。夏《か》の始祖《しそ》となる禹《う》に帝位《ていい》を譲《ゆず》った。

〈注4〉【沛公《はいこう》（漢の劉邦《りゅうほう》）】紀元前二四七年〜紀元前一九五年。古代中国で秦《しん》の末期の混乱を治めて漢を建国した高祖《こうそ》・劉邦は沛県《はいけん》の出身であったため、沛公と呼ばれる。項羽《こうう》は劉邦と覇権《はけん》を争って戦った。

〈注5〉【周《しゅう》の武王《ぶおう》】中国・周の初代の王。父・文王《ぶんおう》の遺志を受け継ぎ、殷《いん》の紂王《ちゅうおう》を滅ぼして天下を統一した。この時、武王は文王の木像を奉持《ほうじ》して出陣《しゅつじん》したといわれ、弟の周公旦《しゅうこうたん》や太公望《たいこうぼう》（呂尚《りょしょう》）などが武王を補佐した。

〈注6〉【西伯《せいはく》（文王《ぶんおう》）】中国・周《しゅう》の基礎をつくった王。武王《ぶおう》の父。後世、儒学者《じゅがくしゃ》から理想的君主の一人とされた。

〈注7〉【木像を造《つく》り】史実は、木主《ぼくしゅ》（位牌《いはい》）を作った。

〈注8〉【後漢《ごかん》の丁蘭《ていらん》】中国・前漢の孝子《こうし》。『今昔物語集《こんじゃくものがたりしゅう》』などによると、幼い頃、母を失ったが、十五歳になって母の像を造って生きている母のように敬ったとされる。

〈注9〉【比干《ひかん》】中国古代・殷《いん》の賢人。紂王《ちゅうおう》を諫《いさ》めたところ、紂王は「聖人《せいじん》の心臓には七つの穴があると聞いている」と言いそれを確認するためとして、比干の胸を裂いて殺したとされる。

〈注10〉【弘演《こうえん》】中国・春秋《しゅんじゅう》時代の人。御書本文は「公胤《こういん》」（一八六ページ）。音が似通う文字で表記されたもの。

〈注11〉【尹寿《いんじゅ》】中国古代の伝説上の帝王である堯《ぎょう》の師。河陽《かよう》に住み、道徳経《どうとくきょう》を説き、無為の道を教え、道を彭祖《ほうそ》に伝えたという。

〈注12〉【務成《むせい》】中国古代の人。伝説上の帝王の堯《ぎょう》または舜《しゅん》の師と伝えられる。

〈注13〉【太公望《たいこうぼう》】呂尚《りょしょう》のこと。紀元前十一世紀ごろ、中国・周《しゅう》の文王《ぶんおう》の臣下で、文王の没後、文王の子の武王《ぶおう》を補佐した。

〈注14〉【老子《ろうし》】中国・周《しゅう》の思想家、老耼《ろうたん》の尊称。姓は李、名は耳《じ》、字《あざな》（通称《つうしょう》）は伯陽《はくよう》、諡《おくりな》は耼《たん》。道家《どうか》の祖とされる。孔子と同時代の人で周に仕え、『老子（道徳経）』を著したとされる。宇宙の万物を造り出し秩序を与える「道《どう》」が、人間の作為を超えた無為自然《むいしぜん》であると説き、それを政治・処世における規範とした。

〈注15〉【孔子《こうし》】紀元前五五一年～紀元前四七九年。生没年には異説がある。中国・春秋《しゅんじゅう》時代の思想家。姓は孔、名は丘《きゅう》、字《あざな》は仲尼《ちゅうじ》。儒教《じゅきょう》の祖。社会秩序を回復するために、「仁《じん》」という社会的な道徳を強調した。『論語《ろんご》』は、孔子の言行《げんこう》を弟子が編纂したものである。

〈注16〉【聖人《しょうにん》】「聖人」の読み方について、日寛上人《にちかんしょうにん》は江戸時代の慣習に基づいて、内典《ないてん》における聖人は「しょうにん」、外典《げてん》における聖人は「せいじん」と読み分けている。日蓮大聖人は共に「聖人」と書かれていて、〝卓越した智慧《ちえ》をもつ人〟という意味で用いられて、意味上の区別はない。本抄現代語訳では一貫して「しょうにん」と読むことにした。

〈注17〉【三墳《さんぷん》】【五典《ごてん》】【三史《さんし》】三墳は三皇《さんこう》の書といわれ、五典は五帝の書といわれる。三史とは、『史記《しき》』『漢書《かんじょ》』『後漢書《ごかんじょ》』をいう。

妙楽大師《みょうらくだいし》湛然《たんねん》の『法華玄義釈籤《ほっけげんぎしゃくせん》』には、『法華玄義』の「世間正法」について注釈する中で、その言葉は人界・天界を出ることはないとし、『玄義』で「周《しゅう》や孔《こう》の経《きょう》や籍《せき》」というのは、「周公が礼《れい》を制定し、孔子《こうし》が詩を删定《さんてい》した。経というのは、五経、七経、九経などである。籍《せき》とは、墳籍《ふんせき》で、三墳《さんぷん》である。三墳とは、三皇《さんこう》の書である。典《てん》とは、五典は、五帝の書である。古《いにしえ》の人の書簡である。故に、画《えが》いた（文字の）像《すがた》は、籍や篇などの字は皆、竹の部首である」と注釈している。

〈注18〉**【三玄《さんげん》（三つの深遠な書籍）】**「玄」とは〝深遠な真理〟の意。中国思想の代表的な三つの典籍《てんせき》、『周易《しゅうえき》』『老子《ろうし》』『荘子《そうじ》』をいう。

『周易』とは、儒教で重んじられる五経の一つ。『易』『易経』ともいう。伝説によれば、伏羲《ふっき》・文王《ぶんおう》・周公旦《しゅうこうたん》・孔子《こうし》が『周易』を作るのに関わったとされる。

『老子《ろうし》』とは、老子が書いたとされる『老子道徳経』のこと。

『荘子《そうじ》』とは、荘子とその弟子たちがまとめたとされる書。

天台大師《てんだいだいし》智顗《ちぎ》は『摩訶止観《まかしかん》』で、陳《ちん》の文人で三論宗《さんろんしゅう》の教学に造詣のある周弘政《しゅうこうせい》（四八五年～五六五年）の三玄についての釈を引く。

それによれば、『周易《しゅうえき》』は、八卦《はっけ》・陰陽《いんよう》・吉凶《きっきょう》を判ずるとし、これを有《う》の面から玄《げん》を明かすものとしている。また、『老子《ろうし》』は、虚融《こゆう》を説《と》くが、無の面から玄を明かすものとする。そして『荘子《そうじ》』は、自然を説くが、有無の面から玄を明かすものとする。さらに、これ以外の教えは枝葉でこの三つを源《みなもと》として派生しているとする。

〈注19〉【周公旦《しゅうこうたん》】中国の周を建国した武王《ぶおう》の弟の旦。武王の死後、幼い成王《せいおう》を補佐した。周公という呼称については、一説には周の故地である岐山《きざん》に封《ほう》じられたことによるとされる。優れた政治家として儒教《じゅきょう》では聖人《せいじん》とされる。

〈注20〉【荘子《そうし》】中国・戦国時代の道家《どうか》の思想家・荘周《そうしゅう》の尊称。『荘子《そうじ》』の著者の一人とされ、老子の思想を継承し大成したとされる。

〈注21〉天台大師《てんだいだいし》は『摩訶止観《まかしかん》』で、荘子《そうし》の説の欠点について「貴賤《きせん》・苦楽・是非《ぜひ》・得失《とくしつ》は、自然とそうなるものであるという。これは、先の行いを弁《わきま》えないものであるので、因果が破綻《はたん》している」と述べている。

〈注22〉【仁《じん》・義《ぎ》など】仁・義・礼《れい》・智《ち》・信《しん》の五常《ごじょう》は、儒教《じゅきょう》の根本的な徳目《とくもく》。①仁は分け隔てない親愛の情。②義は道理にかなって正しいこと。③礼は、社会秩序を維持するための生活規範のこと。④智《ち》は、物事を識別する能力・智慧《ちえ》。⑤信は、偽《いつわ》らない誠《まこと》のことで、誠実さ。

〈注23〉【五人の長老《ちょうろう》】周《しゅう》の武王《ぶおう》（紀元前一〇五〇年ごろ）に仕えた五人の賢臣《けんしん》で、太公望《たいこうぼう》（呂尚《りょしょう》）・周公旦《しゅうこうたん》・召公奭《しょうこうせき》・畢公高《ひつこうこう》・蘇忿生《そふんせい》のこと。

〈注24〉【光武帝《こうぶてい》】紀元前六年〜紀元五七年。中国・後漢《ごかん》の創始者として王朝の基礎を築いた。徹底した儒教主義者で、礼楽《れいがく》を修め学問を奨励した。

〈注25〉【ブッダ（仏）】御書本文は「仏図《ふと》」（一八七ページ）。サンスクリットのブッダの音を漢字で写した語。

〈注26〉【儀礼《ぎれい》や音楽などの制度や文化】御書本文は「礼楽《れいがく》」（一八七ページ）。礼と楽は、中国で古代から伝統的な生活規範であった。儒学の発達によって、春秋戦国時代以後には、社会的権威によって学問的に意義づけられた。

礼《れい》は、社会の秩序を形成し支える礼節であり、それを具体的な形式で実践する儀礼《ぎれい》が重んじられ、人々の感情を制御《せいぎょ》しそれぞれの役割を定め善導《ぜんどう》するものとされた。楽《がく》は、人々の内面にはたらきかけ、教化《きょうけ》・感化して高めていくものであり、平等化を図るものとされた。すなわち音楽も純粋な芸術的立場からではなく、礼の形式を行う補助作用として用い、礼と楽を合わせて王道を敷く根本とされた。士大夫《したいふ》（王や諸侯に仕える支配者階級の人々）の間では礼・楽・射《しゃ》（弓術《きゅうじゅつ》）・御《ぎょ》（馬車の操縦術《そうじゅうじゅつ》）・書（書写）・数《すう》（計算）の六芸《りくげい》が重んじられた。

〈注27〉【戒《かい》・定《じょう》・慧《え》の三学《さんがく》】仏法の実践の基本である三つの事項。行動規範である戒律と、心を定める瞑想《めいそう》の修行である禅定《ぜんじょう》と、それらの実践によって開かれる智慧《ちえ》をいう。

〈注28〉【妙楽大師《みょうらくだいし》（湛然《たんねん》）】七一一年〜七八二年。中国・唐《とう》の天台宗中興《ちゅうこう》の祖《そ》。天台大師《てんだいだいし》智《ち》顗《ぎ》の三大部に対する注釈である『法華玄義釈籤《ほっけげんぎしゃくせん》』『法華文句記《ほっけもんぐき》』『止観輔行伝弘決《しかんぶぎょうでんぐけつ》』を著《あらわ》した。

〈注29〉【天台大師《てんだいだいし》（智顗《ちぎ》）】五三八年〜五九七年。中国天台宗の事実上の開祖《かいそ》。智者《ちしゃ》大師と

たたえられる。『法華文句《ほっけもんぐ》』『法華玄義《ほっけげんぎ》』『摩訶止観《まかしかん》』を講述して、法華経を宣揚するとともに一念三千《いちねんさんぜん》の法門を説《と》いた。

〈注30〉【金光明経《こんこうみょうきょう》】漢訳には中国・北涼《ほくりょう》の曇無讖訳《どんむしんやく》の金光明経四巻、唐《とう》の義浄訳《ぎじょうやく》の金光明最勝王経《さいしょうおうきょう》十巻などがある。ここでは義浄訳《ぎじょうやく》のことで、略して最勝王経ともいう。懺悔《さんげ》による滅罪《めつざい》の功徳《くどく》を強調するとともに、この経を護持するものを、四天王をはじめ一切の諸天《しょてん》善神《ぜんじん》が加護《かご》するが、もし正法をないがしろにすれば、諸天が国を捨て去って種々の災難が競《きそ》い起《お》こると説《と》いている。

〈注31〉【世法《せほう》】世間一般の決まり、ならわし。

〈注32〉【『摩訶止観《まかしかん》』】『止観』と略される。十巻。中国の陳《ちん》・隋《ずい》の天台大師智顗《てんだいだいしちぎ》が講述し、弟子の章安大師灌頂《しょうあんだいしかんじょう》（五六一年〜六三二年）が記した。天台大師の出世《しゅっせ》の本懐《ほんかい》とされる。『法華玄義《ほっけげんぎ》』『法華文句《ほっけもんぐ》』とともに天台三大部《てんだいさんだいぶ》とされる。

本書で智顗《ちぎ》は、仏教の実践修行を「止観《しかん》」として詳細に体系化した。それが前代未聞のすぐれたものであるので、サンスクリットで〝偉大な〟という意の「摩訶《まか》」がつけられている。「止《し》」とは心を外界や迷いに動かされずに静止《せいし》させることで、それによって正しい智《ち》慧《え》を起こして対象を観察することを「観《かん》」という。特に智顗《ちぎ》は、止観の対象を凡夫《ぼんぷ》自身の心に定め（この観法を観心という）、普通の人々が成仏を実現するための実践とし、観心によって覚知すべき究極の法門を一念三千《いちねんさんぜん》とした。

〈注33〉【『止観輔行伝弘決《しかんぶぎょうでんぐけつ》』】妙楽大師《みょうらくだいし》による『摩訶止観《まかしかん》』の注釈書。十巻または四十巻。天台大師による止観の法門の正統性を明らかにするとともに、天台宗内の異端や華厳宗《けごんしゅう》・法相宗《ほっそうしゅう》の主張を批判している。

〈注34〉【清浄法行経《しょうじょうほうぎょうきょう》】一巻。菩薩《ぼさつ》の応現《おうげん》を説いた経。近年の研究では中国撰述《ちゅうごくせんじゅつ》とされる。ここでは『弘決《ぐけつ》』に引かれた文をそのまま掲げられている。

〈注35〉【顔回《がんかい》】中国・春秋《しゅんじゅう》時代の魯《ろ》の人。孔子《こうし》の弟子で、孔子が一番信頼していたことが『論語《ろんご》』などからうかがえる。顔淵《がんえん》ともいう。

第3段　インド思想の三徳《さんとく》

（御書一八七ジペー八行目〜一八八ジペー五行目）

インドの諸思想の教主を挙《あ》げる

第二にインドにおける仏教以外の諸思想は、三つの目と八本の腕をもつ摩醯《まけい》首羅天《しゅらてん》（大自在天、シヴァ神）〈注1〉、毘紐天《びちゅうてん》（ヴィシュヌ神）〈注2〉、この二神をすべての衆生《しゅじょう》の慈悲《じひ》深い父・母と考え、また至高《しこう》の尊《とうと》い方・主君と呼んでいる〈注3〉。次に、迦毘羅《かびら》・漚楼僧佉《うるそうぎゃ》・勒娑婆《ろくしゃば》〈注4〉、この三人を三仙《さんせん》と呼んでいる。これら三人のうち漚楼僧佉は釈尊《しゃくそん》が出現する八百年前に現れ、残る二人はそれより前か後かに現れた仙人《せんにん》である。

生命の因果を探究した古代インド思想

この三仙《さんせん》の説《と》いた教えを四つのヴェーダ〈注5〉と呼び、膨大《ぼうだい》な量がある〈注6〉。それから後、釈尊《しゃくそん》が出現した時には、六師外道《ろくしげどう》〈注7〉が、これらの聖典《せいてん》を習い伝えて、インド各地の王らの師となった。そこから分かれ出たものが九十五派、あるいは九十六派などにもなった。

その一つ一つにまた多くの分派があって、それぞれ自派の教えこそ優《すぐ》れているという慢心は旗竿《はたざお》のように高く、その高さは非想天《ひそうてん》〈注8〉をこえるほどであった。また、執着《しゅうちゃく》する心は金属や岩石よりも堅かった。

その思想の深いことや巧《たく》みなさまは、中国の諸思想とはまるで違っている。過去については、二回前の生、三回前の生、そして七回前の生まで、さらには八万劫《はちまんごう》までも見渡し、また未来についても八万劫まで前もって知っていた。

自分たちが説《と》いている教えの根本について、ある者は「因《いん》の中に果《か》がある〔因中有果《いんちゅううか》〕〈注9〉」といい、ある者は「因の中に果はない〔因中無果《いんちゅうむか》〕〈注10〉」といい、ある者は「因の中に果があるとも言えるし、果がないとも言える〔因中亦有果《いんちゅうやくうか》・亦無果《やくむか》〕〈注11〉」という。これらがインド諸思想の根本の教えである。

三界六道《さんがいろくどう》の生死を超《こ》えられない教え

仏教以外の諸思想を信じている修行者で誠実な者についていうと、五戒《ごかい》や十《じゅう》善戒《ぜんかい》〈注12〉などを持《たも》って、有漏《うろ》の禅定《ぜんじょう》〈注13〉を修行し、色界《しきかい》・無色界《むしきかい》〈注14〉の境地《きょうち》にまで至り、その最上界を涅槃《ねはん》〈注15〉と考えて、修行して境涯《きょうがい》を高めていくが、尺取《しゃくと》り虫《むし》が枝の先端まで行くと、そこから落ちてしまうように、最上の非想天《ひそうてん》に至《いた》ると、かえって三悪道《さんあくどう》〈注16〉に堕《お》ちてしまう。天界にとどまる者は一人もいない。しかし仏教以外の諸思想を信じる者たちは、非想天まで

（188）

行き着いた者は天にとどまって永久に戻ることはないと思っている。

　それぞれが自分の師匠《ししょう》の教えを受けてそれが絶対だと思って頑固《がんこ》に守っているので、以下のような誤《あやま》った修行がなされている。例えば、寒い冬に一日三回、ガンジス川で水浴《すいよく》する。自分の髪《かみ》の毛を抜《ぬ》く。岩に身を投げる。体を火であぶる。両手両足と頭を焼く。裸《はだか》のまま生活する。馬を多く殺せば福を得《え》ると思う。草木を焼き払う。すべての木を礼拝《らいはい》する。このような誤《あやま》った教えは数えきれない。

　彼らが、師匠《ししょう》を尊敬するさまは、神々が帝釈天《たいしゃくてん》を敬《うやま》い、臣下が皇帝に対して最高の礼を尽くすのと変わらない。しかしながら、インド諸思想の九十五派の教えは、誠実な修行者もそうでないものも、一人も生死の苦悩から離れることはできない。立派な師に仕《つか》えれば、死んですぐ次の生ではないものの、その次の生、あるいはそのまた次の生などに悪道に堕《お》ちる。悪い師に仕えれば、すぐ次の生で悪道に堕ちる。

諸思想の教えの究極《きゅうきょく》は仏教への導き入れ

インド諸思想の教えの究極《きゅうきょく》は、仏教に導き入れることで、それが最も肝要《かんよう》である。

インドの諸思想のある者は「千年後に仏が生まれる」と言った。また、ある者は「百年後に仏が生まれる」と言った。涅槃経《ねはんぎょう》〈注17〉には「世の中の仏教以外の諸思想の経典は、すべて仏説であって諸思想の説ではない」とある。

法華経には「私の弟子は、自身に貪《むさぼ》り・瞋《いか》り・癡《おろ》かの三毒《さんどく》〈注18〉があることを人々に示し、また、誤《あやま》った思想にとらわれた姿を現す。私の弟子は、このように、巧《たく》みな手だてを用いて、人々を救《すく》うのである」（五百弟子品《ごひゃくでしほん》）と説《と》かれている。

◇注　解◇

〈注1〉【摩醯首羅天《まけいしゅらてん》（大自在天《だいじざいてん》、シヴァ神）】「摩醯首羅」はサンスクリットのマヘーシュヴァラの音写で、大自在天と訳す。色界《しきかい》の頂上に住み、三千世界を支配するとされる天。古代インド神話のシヴァと同一視される。

〈注2〉【毘紐天《びちゅうてん》（ヴィシュヌ神）】「毘紐」はサンスクリットのヴィシュヌの音写。バラモン教では大梵天《だいぼんてん》（マハーブラフマー）・帝釈天《たいしゃくてん》（インドラ）に並ぶ主要神とされる。仏教では色界第三禅天《しきかいだいさんぜんてん》の第三天、色界十八天の第九天に住むとされる。

〈注3〉妙楽大師湛然《みょうらくだいしたんねん》の『止観輔行伝弘決《しかんぶぎょうでんぐけつ》』には、「仏教以外のあらゆる人の考えは、二天・三仙《さんせん》を超えるものはない。二天というのは、摩醯首羅天《まけいしゅらてん》と毘紐天《びちゅうてん》（また韋紐天《いちゅうてん》、韋糅天《いじゅうてん》ともいう）である」とある。

〈注4〉【迦毘羅《かびら》・漚楼僧佉《うるそうぎゃ》・勒娑婆《ろくしゃば》】本抄では、『摩訶止観《まかしかん》』の記述に基づいて、迦毘羅（カピラ）は、数論学派《すろんがくは》（サーンキヤ学派）の開祖とされる。因中有果説《いんちゅううかせつ》、二十五諦論《たいろん》などを説《と》いたとされる。漚楼僧佉（ウルーカ）は、勝論学派《かつろんがくは》（ヴァイシェーシカ学派）の開祖といわれ、因中無果説《いんちゅうむかせつ》を説いたとされる。勒娑婆（リシャバ）は苦行と呼ばれ、因中亦有《いんちゅうやくう》果亦無果《かやくむか》を説いたとされる。素裸で灰やいばらの中に寝るなどさまざまな苦行《くぎょう》を行《おこな》った。後のジャイナ教はこの勒娑婆を始祖《しそ》とする。

〈注5〉**【四つのヴェーダ】** インドの伝統的な宗教であるバラモン教の四つの聖典《せいてん》。『リグ・ヴェーダ』『サーマ・ヴェーダ』『ヤジュル・ヴェーダ』『アタルヴァ・ヴェーダ』をいう。

〈注6〉**【膨大《ぼうだい》な量がある】** 御書本文は「六万蔵《ろくまんぞう》あり」（一八七㌻）。御書にも引用される恵《え》心僧都源信《しんそうずげんしん》の『往生要集《おうじょうようしゅう》』には、「調達誦六万蔵経」とある。もともと出曜経《しゅっちょうぎょう》に「所誦仏経六万象載不勝」とあり、道宣《どうせん》の『続高僧伝《ぞくこうそうでん》』の中の智顗伝《ちぎでん》には、これを踏まえて「覬表諫曰。調達誦六万象経」とある。おそらく源信《げんしん》は「象《ぞう》」を不審に思って音の通じる「蔵《ぞう》」に改《あらた》めたのだろう。「六万象経」は「書物の形にすれば六万頭の象に乗せるほどの」という意味。いずれにしても、非常に多くの経典ということなので、その意をくんで現代語訳した。

〈注7〉**【六師外道《ろくしげどう》】** 釈尊《しゃくそん》の在世当時に、ガンジス川中流域のインド中心部に勢力のあった六人の仏教以外の思想の指導者のこと。

〈注8〉**【非想天《ひそうてん》】** 衆生《しゅじょう》が輪廻《りんね》する三界《さんがい》（欲界《よっかい》・色界《しきかい》・無色界《むしきかい》）の最高の境地《きょうち》。詳《くわ》しくは、非想非非想天《ひそうひひそうてん》という。

〈注9〉**【因《いん》の中に果《か》がある〔因中有果《いんちゅううか》〕】** 『摩訶止観《まかしかん》』では、数論学派《すろんがくは》（サーンキヤ学派）の迦毘羅《かびら》による教えとされる。原因の中にすでに結果の性《しょう》を内具《ないぐ》するという説。例えば、砂を搾《しぼ》っても油は出てこないが、麻《あさ》の実を圧縮《あっしゅく》すれば油が出てくるように、もし因の中に初めから果の性がないなら、ついに果を生ずることがないという。ただし、そこから決定論・宿命論に陥っている。

〈注10〉【因《いん》の中に果《か》はない（因中無果《いんちゅうむか》）】『摩訶止観《まかしかん》』では、勝論学派《かつろんがくは》（ヴァイシェーシカ学派）の漚楼僧佉《うるそうぎゃ》による教えとされる。因に和合因《わごういん》・不和合因《ふわごういん》・助因《じょいん》の三つがあるとし、幾《いく》つかの原因が合わさって初めて一つの結果が生ずると説《と》く。例えば陶器《とうき》という結果は、土という原因がなければ生じないが、土は必ず陶器になるとはかぎらない。これは土が陶器の和合因にすぎないからで、他に助因《じょいん》がなければ陶器にはならない。その助因が変われば陶器以外のものにもなる。したがって、陶器は陶器、土は土である。すなわち、因と果はおのおの別であって、因の中に果なしとする因果別異論《いんがべついろん》を立てた。

〈注11〉【因《いん》の中に果《か》があるとも言えるし、果がないとも言える（因中亦有果《いんちゅうやくうか》・亦無果《やくむか》）】『摩訶止観《まかしかん》』では、ジャイナ教の祖とされる勒娑婆《ろくしゃば》の教えとされる。世間に起こるさまざまな現象は、ある時には原因そのものの中に結果の性分《しょうぶん》がある場合もあるが、また、ある時には因の中に果のないこともあるという説。

〈注12〉【五戒《ごかい》や十善戒《じゅうぜんかい》】五戒とは、古代インドで仏教者として万人が守るべきものとされた行動規範で、不殺生戒《ふせっしょうかい》・不偸盗戒《ふちゅうとうかい》・不邪婬戒《ふじゃいんかい》・不妄語戒《ふもうごかい》・不飲酒戒《ふおんじゅかい》をいう。これは、ジャイナ教の出家者が守るべき五つの戒（マハーヴラタ）と通じあう。マハーヴラタは、アヒンサー（不殺生・非暴力《ひぼうりょく》）、サティヤ（不妄語）、アステヤ（不偸盗）、ブラフマーチャーリヤ（不婬）、アパリグラハ（無所有《むしょう》）である。

十善戒は、五戒から不飲酒戒を除いた四つの戒に、不綺語《ふきご》・不悪口《ふあっく》・不両舌《ふりょうぜつ》・不貪欲《ふとんよく》・不瞋恚《ふしんに》・不愚癡《ふぐち》（または不邪見《ふじゃけん》）の六つの戒を加えたものをいう。

〈注13〉【有漏《うろ》の禅定《ぜんじょう》】漏とは煩悩《ぼんのう》のことで、煩悩を断じて滅することのないままでの瞑想《めいそう》の修行。

〈注14〉【色界《しきかい》・無色界《むしきかい》】ともに三界《さんがい》のうちの一つ。三界は、欲界《よっかい》・色界《しきかい》・無色界《むしきかい》からなる、地獄《じごく》から天界《てんかい》までの六道《ろくどう》の迷《まよ》いの衆生《しゅじょう》の住む世界。色界・無色界は、修得した禅定《ぜんじょう》の境地《きょうち》の報《むく》いとして生じる。

①欲界《よっかい》とは、欲望にとらわれた衆生《しゅじょう》が住む世界。地獄界《じごくかい》から人界までの五界と、天界《てんかい》のうち六層からなる六欲天《ろくよくてん》が含まれる。その最高の第六天を他化自在天《たけじざいてん》という。

②色界《しきかい》は、欲望からは離れたが、物質的な制約がある衆生《しゅじょう》が住む世界。十八層からなり、大きく四つの禅天《ぜんてん》に分かれる。

③無色界《むしきかい》は、欲望も物質的な制約も離れた高度に精神的な世界、境地《きょうち》のこと。四種からなる。最高は非想非非想処《ひそうひひそうしょ》。それに次ぐのが無所有処《むしょうしょ》。仏伝によると、釈尊《しゃくそん》が出家後に師事したというウドラカラーマプトラは無所有処という境地であり、アーラーダカーラーマは非想非非想処という境地であったという。

〈注15〉【涅槃《ねはん》】覚《さと》りを得て、輪廻生死《りんねしょうじ》の苦しみから解放された、ゆるぎない平穏《へいおん》な境地《きょうち》。

〈注16〉【三悪道《さんあくどう》】地獄《じごく》・餓鬼《がき》・畜生《ちくしょう》の三つの劣悪《れつあく》な境涯《きょうがい》。

〈注17〉【涅槃経《ねはんぎょう》】大般涅槃経《だいはつねはんぎょう》のこと。釈尊《しゃくそん》の臨終《りんじゅう》を舞台にした大乗経典《だいじょうきょうてん》。中国・北涼《ほくりょう》の曇《どん》無《む》識訳《しんやく》の四十巻本（北本《ほっぽん》）と、北本をもとに改編した三十六巻本（南本《なんぼん》）がある。釈尊滅後の仏教教団の乱れや正法を誹謗《ひぼう》する者を予言し、その中にあって、仏身《ぶっしん》が常住《じょうじゅう》であるとともに、あらゆる衆生《しゅじょう》に仏性がある（一切衆生悉有仏性《いっさいしゅじょうしつうぶっしょう》）と説《と》いている。

〈注18〉【貪《むさぼ》り・瞋《いか》り・癡《おろ》かの三毒《さんどく》】最も基本的な三つの煩悩《ぼんのう》で、際限のない欲望に駆《か》られる貪欲さ（貪《とん》）、思い通りにならないことへの怒《いか》り（瞋《しん》）、ものごとの道理に暗い愚かさ（癡《ち》）。

第4段　内外相対《ないげそうたい》（仏教と諸思想の比較《ひかく》）

（御書一八八ジペー六行目〜十三行目）

教主《きょうしゅ》について、煩悩《ぼんのう》をすべて克服した釈尊《しゃくそん》を挙《あ》げる

第三に、偉大な覚りを得た釈尊《しゃくそん》は、あらゆる衆生《しゅじょう》を正しい方向に導く偉大な指導者であり、偉大な眼《まなこ》・偉大な橋・偉大な舵取《かじと》り・幸福を生む偉大な田畑〈注1〉である。

中国の思想で説《と》く四聖《しせい》やインドの思想で説く三仙《さんせん》は、聖人《しょうにん》と呼ばれていても、実際には三惑《さんわく》〈注2〉を断ち切っていない凡夫《ぼんぷ》である。また賢人《けんじん》と呼ばれていても、（生命の）因果《いんが》の道理をまるで知らないさまは実に赤子《あかご》のようである。

彼らを船として、生死の苦悩の大海《たいかい》を渡ることができるだろうか。彼らを橋として、地獄《じごく》から天までの六つの世界の輪廻《りんね》を逃《のが》れることはできない。

それに対して、私たちの偉大な師・釈尊《しゃくそん》は、変易《へんにゃく》の生死〈注3〉までも乗り越えられた。まして分段《ぶんだん》の生死〈注4〉は言うまでもない。元品《がんぽん》の無明《むみょう》〈注5〉という根本《こんぽん》の迷《まよ》いも消え去った。まして見惑《けんわく》・思惑《しわく》〈注6〉という枝葉《えだは》の低級な迷《まよ》いは言うまでもない。

法について、真実の言葉で説《と》いた仏教を挙《あ》げる

この仏は、三十歳で仏に成《な》ってから八十歳でお亡《な》くなりになるまでの五十年間、生涯にわたって、尊い教えを説《と》かれた。

その一字一句《いちじいっく》はすべて真実の言葉であり、一文一偈《いちもんいちげ》も偽《いつわ》りの言葉はない。中国の諸思想の聖典《せいてん》・インドの諸思想の聖典の中の聖人《しょうにん》・賢人《けんじん》の言葉でも、言っていることに誤《あやま》りはない。現実と言っていることが一致《いっち》している。まして仏

は、計り知れないほどはるかな昔から、うそ偽りの言葉を言わない人である。それ故《ゆえ》、その一生の五十年余りに説《と》いた教えは、中国の諸思想の聖典《せいてん》・インドの諸思想の聖典に比べれば、すべてが大乗《だいじょう》といえるのであり、偉大な人が説いた真実の言葉なのである。最初から最後まで、つまり仏に成《な》った時から亡《な》くなる時までに説いたことはすべて真実である。

◇注　解◇

〈注1〉**【幸福を生む偉大な田畑】** 仏は崇拝《すうはい》し供養した人に福徳をもたらすので、田畑に譬《たと》えられる。

〈注2〉**【三惑《さんわく》】** 煩悩《ぼんのう》を見思惑《けんじわく》・塵沙惑《じんじゃわく》・無明惑《むみょうわく》の三つに分けたもの。①見思惑は、見惑と思惑のことで、見惑とは偏《かたよ》ったり誤《あやま》った見識《けんしき》・思考にかかわる煩悩、思惑とは感情にかかわる煩悩。②塵沙惑とは、菩薩《ぼさつ》が人々を教え導くのに障害となる無数の煩悩のこと。③無明惑とは、仏法の根本の真理に暗い根源的な無知《むち》。

〈注3〉**【変易《へんにゃく》の生死】** 二乗《にじょう》・菩薩《ぼさつ》など部分的な覚《さと》りを得た者の、苦しみ・迷《まよ》いの生死のこと。煩悩の一部を断じて業《ごう》の報《むく》いから自由になり、自在《じざい》に形を変えて生死を示すことができるものの、部分的な覚りに執着《しゅうちゃく》するため、迷いの境涯《きょうがい》にとどまる。

〈注4〉**【分段《ぶんだん》の生死】** 凡夫《ぼんぷ》の苦しみと迷いに満ちた生死。六道に輪廻《りんね》する凡夫の寿命が、おのおのの過去世の業《ごう》の報《むく》いによって分かれ、その形態に段階的な違いがあるので分段という。

〈注5〉**【元品《がんぽん》の無明《むみょう》】** 生命にそなわる、ものの道理に暗い愚《おろ》かさや根本的な無知《むち》である無明の中でも、最も根源的なもの。
〈注6〉【見惑《けんわく》・思惑《しわく》】〈注2〉を参照。

第5段　権《ごん》実《じつ》相《そう》対《たい》（権《ごん》経《きょう》と法華経の比《ひ》較《かく》）

（御書一八八ジ十四行目〜十八行目）

種々の違いを挙《あ》げ、法華経が真実の教えであると示す

しかし、仏教といっても、五十年余りの間に説《と》かれたさまざまな経典、八万《はちまん》法蔵《ほうぞう》といわれる膨大《ぼうだい》な教え〈注1〉を調べてみると、小乗《しょうじょう》〈注2〉もあれば、大《だい》乗《じょう》〈注3〉もある。権経《ごんきょう》〈注4〉もあれば、実経《じっきょう》〈注5〉もある。顕教《けんきょう》と密教《みっきょう》〈注6〉、穏《おだ》やかな言葉と耳障《みみざわ》りな言葉、真実の言葉と偽《いつわ》りの言葉、正しい考えと誤《あやま》った考えといった種々の違いがある。

その中で、ただ法華経だけが教えを説《と》いてきた釈尊《しゃくそん》〈注7〉の真正の言葉で

あり、三世《さんぜ》の十方《じっぽう》の世界の仏たちの真実の言葉である〈注8〉。

法華経が真実であるとの釈尊《しゃくそん》・多宝仏《たほうぶつ》・諸仏の保証《ほしょう》

偉大な覚《さと》りを得た釈尊《しゃくそん》は、法華経を説《と》くまでの「四十余年」という期間を明示して、その間に説いたガンジス川の砂粒《すなつぶ》ほどの無数の諸経については「まだ真実を顕《あらわ》していない〔未顕真実《みけんしんじつ》〕」（無量義経《むりょうぎきょう》）と述べ、最後の八年間に説く法華経については「これから真実を説く〔要当説真実《ようとうせつしんじつ》〕」（方便品《ほうべんぼん》）と定められたので、多宝仏《たほうぶつ》〈注9〉は大地から出現して「釈尊の言ったことは全部、真実である〔皆是真実《かいぜしんじつ》〕」（宝塔品《ほうとうほん》）と保証《ほしょう》し、釈尊の分身の仏たちは十方《じっぽう》の世界から集まって来て、長い舌《した》を梵天《ぼんてん》にまで届かせて真実であることを保証した。これらの言葉は、きわめて明白である。晴れわたった空の太陽よりも明らかであり、また夜空に浮かぶ満月のようである。仰《あお》ぎ見て信じなさい。ひれ伏《ふ》して心にとどめなさい。

◇注　解◇

〈注1〉【八万法蔵《はちまんほうぞう》といわれる膨大《ぼうだい》な教え】釈尊《しゃくそん》が一代で説《と》いたすべての教えのこと。「八万」とは実際の数字ではなく、多数であることを意味する。

〈注2〉【小乗《しょうじょう》】乗は「乗り物」の意で、覚《さと》りに至らせる仏の智慧《ちえ》の教えを、衆生《しゅじょう》を乗せる乗り物に譬《たと》えたもの。その教えの中で、劣《おと》ったものを小乗、優《すぐ》れたものを大乗《だいじょう》と区別する。

もともと、小乗《しょうじょう》とは、サンスクリットのヒーナヤーナの訳で、「劣《おと》った乗り物」を意味する。大乗仏教《だいじょうぶっきょう》の立場から部派仏教《ぶはぶっきょう》（特に説一切有部《せついっさいうぶ》）を批判していう言葉。自ら覚《さと》りを得ることだけに専念する声聞《しょうもん》・縁覚《えんがく》の二乗《にじょう》を批判してこのように呼ばれた。

部派仏教《ぶはぶっきょう》は、釈尊《しゃくそん》が亡《な》くなった後に分派したさまざまな教団（部派）が伝えた仏教で、涅槃《ねはん》（二度と輪廻《りんね》しない境地《きょうち》）の獲得を目標とする。説一切有部《せついっさいうぶ》は、特に北インドで最も有力な部派で、「法」（認識を構成する要素）を実在とする体系的な教学を構築した。これに対し、大乗仏教《だいじょうぶっきょう》は成仏を修行の目標とし、一切のものには固定的な本質がないとする「空《くう》」の立場をとる。

中国・日本など東アジアでは、大乗《だいじょう》の教えが専《もっぱ》ら流布《るふ》した。

〈注3〉【大乗《だいじょう》】大乗とはサンスクリットのマハーヤーナの訳で「摩訶衍《まかえん》」などと音写し、「大きな優れた乗り物」を意味する。大乗仏教は、紀元前後から釈尊《しゃくそん》の真意を探究し既存の教説を再解釈するなどして制作された大乗経典に基づき、利他《りた》の菩薩道《ぼさつどう》を実践し成仏《じょうぶつ》を目指す。既存の教説を劣《おと》ったものとして「小乗《しょうじょう》」と下すのに対し、自らを「大乗」と誇った。近年の研究ではその定義や成立起源の見直しが図られ、既存の部派仏教《ぶはぶっきょう》の教団内から発生したとする説が有力である。

〈注4〉【権経《ごんきょう》】仏が衆生《しゅじょう》を、仏の覚《さと》りの真実を説《と》いた実経《じっきょう》に導き入れるために、衆生の受容能力に応じた権《かり》の教えを説いた経典のこと。実経に対する語。「権」は一時的・便宜的なものの意。

〈注5〉【実経《じっきょう》】仏が自らの覚《さと》りのまま真実の教えを説《と》いた経典のこと。天台宗《てんだいしゅう》の教判では、法華経のみを実経と位置づける。

〈注6〉【顕教《けんきょう》と密教《みっきょう》】インドの伝統的な民間信仰を取り入れ呪術《じゅじゅつ》や秘密の儀礼を実践の中核にすえて七世紀ごろに成立した仏教は密教と呼ばれる。これに対しそれ以前の通常の仏教は顕教と呼ばれる。

〈注7〉【教えを説《と》いてきた釈尊《しゃくそん》】御書本文は「教主釈尊《きょうしゅしゃくそん》」（一八八ジペー）。ここの教主は、教祖のような意味ではなく、自ら覚《さと》った法を説き示す種々の教えを保持し、人々の仏法理解の能力に応じながら導き救う責任を担って、教えを適切に説いている者という意味合いである。

〈注8〉ここでは、釈尊《しゃくそん》の説《と》いた教えを覚《さと》りの真実を説いた法華経と、真実を説かず真実に至るための方便《ほうべん》の教えを説く権経《ごんきょう》に二分している。すなわち、権実相対《ごんじつそうたい》である。その中に、自身だけの苦悩からの解放（解脱《げだつ》）を教える小乗《しょうじょう》の教えと、あまねく多くの人々の苦悩からの解放を説く大乗《だいじょう》の教えの対比《たいひ》（大小相対《だいしょうそうたい》）も含まれている。

これは、日蓮大聖人の御在世当時を含め、中国・日本など東アジアの仏教では専《もっぱ》ら大乗《だいじょう》のみが重視され広まっていたため、大小相対《だいしょうそうたい》は取り立てて論じるまでもなかったからだと考えられる。

〈注9〉【多宝仏《たほうぶつ》】法華経見宝塔品《けんほうとうほん》第十一で出現し、釈尊《しゃくそん》の説《と》いた法華経が真実であることを保証《ほしょう》した仏。過去世《かこせ》において、成仏《じょうぶつ》して滅度《めつど》した後、法華経が説かれる場所には、自《みずか》らの全身を安置《あんち》した宝塔《ほうとう》が出現《しゅつげん》することを誓願《せいがん》した。釈尊が宝塔を開くと、多宝如来が座しており、以後、嘱累品《ぞくるいほん》第二十二まで、釈尊は宝塔の中で多宝如来と並んで座って、法華経の会座《えざ》を主宰《しゅさい》する。

第6段　法華経の文底《もんてい》の真実の教え

（御書一八九ジページ一行目〜三行目）

一念三千《いちねんさんぜん》を挙《あ》げ文底《もんてい》の真実の教えを示す

ただしこの法華経には、二つの重大なことがある。倶舎宗《くしゃしゅう》・成実宗《じょうじつしゅう》・律宗《りっしゅう》・法相宗《ほっそうしゅう》・三論宗《さんろんしゅう》〈注1〉などは、その名も知らない。華厳宗《けごんしゅう》と真言宗《しんごんしゅう》〈注2〉の二宗は、これをひそかに盗んで自宗の教義の根幹としている。一念三千《いちねんさんぜん》の法門〈注3〉は、ただ法華経の本門寿量品《ほんもんじゅりょうほん》の文《もん》の底にだけ沈《しず》められている〈注4〉。竜《りゅう》樹《じゅ》や天親《てんじん》〈注5〉は知っていたが、取り出して説《と》くことはしなかった。ただ私が尊敬する天台智者大師《てんだいちしゃだいし》（智顗《ちぎ》）だけがこれを自《みずか》らのものとしていたのである。

◇注　解◇

〈注1〉【倶舎宗《くしゃしゅう》・成実宗《じょうじつしゅう》・律宗《りっしゅう》・法相宗《ほっそうしゅう》・三論宗《さんろんしゅう》】奈良《なら》時代までに日本に伝わった諸学派。天台大師智顗《てんだいだいしちぎ》以前に中国で成立していたので、一念三千《いちねんさんぜん》の法門は関知していなかった。これに華厳宗《けごんしゅう》を加えて、南都《なんと》（奈良）の六宗《ろくしゅう》という。

〈注2〉【華厳宗《けごんしゅう》と真言宗《しんごんしゅう》】天台大師《てんだいだいし》以降に大成した学派で、天台大師が立てた一念三千《いちねんさんぜん》の法門を自宗の教義に取り込んだ。詳しくは本抄第8段（本書五三、五四㌻）で述べられている。

〈注3〉【一念三千《いちねんさんぜん》の法門】天台大師《てんだいだいし》が、成仏《じょうぶつ》を実現するための実践として、凡夫《ぼんぷ》の一念（瞬間の生命）に仏の境涯をはじめ森羅万象《しんらばんしょう》が収《おさ》まっていることを見る観心《かんじん》の修行《しゅぎょう》を明かしたもの。

　三千とは、十界互具《じっかいごぐ》（百界）・十如《じゅうにょ》・三世間《さんせけん》のすべてが一念にそなわっていることを、これらを掛け合わせた数で示したもの。一念三千の核は、凡夫成仏にあり、あらゆる衆生《しゅじょう》に仏知見《ぶっちけん》（仏の智慧《ちえ》）が本来そなわっていることを明かして十界互具を説《と》いた法華経の教えである。

〈注4〉【一念三千《いちねんさんぜん》の法門は、ただ法華経の本門寿量品《ほんもんじゅりょうほん》の文《もん》の底《そこ》にだけ沈《しず》められている】この文《もん》に基づいて、日寛上人《にちかんしょうにん》は三重秘伝《さんじゅうひでん》の法門を明かしている。

「文に三段あり。初めに『一念三千《いちねんさんぜん》の法門』とは標《ひょう》なり、次に『但《ただ》法華経』の下《しも》は釈《しゃく》なり、三に竜樹《りゅうじゅ》の下は結《けつ》なり。

釈の文に三意を含む。初めは権実相対《ごんじつそうたい》、所謂《いわゆる》『但法華経』の四字是れなり、次は本迹相対《ほんじゃくそうたい》、所謂『本門寿量品』の五字是れなり。三は種脱相対《しゅだつそうたい》、所謂『文底秘沈《もんていひちん》』の四字是れなり。是れ即ち従浅至深《じゅうせんしじん》して次第に之《これ》を判《はん》ず。譬《たと》えば高きに登るに必ず卑《ひく》きよりし、遠きに往くに必ず近きよりするが如《ごと》し云云《うんぬん》。

三に竜樹《りゅうじゅ》の下、結《けつ》とは是れ正像未弘《しょうぞうみぐ》を結《けっ》す。意は末法流布《まっぽうるふ》を顕《あらわ》すなり。亦《また》二意あり。初めに正法未弘《しょうほうみぐ》を挙《あ》げ、通じて三種を結《けっ》し、次に像法在懐《ぞうほうざいかい》を挙《あ》げ、別《べっ》して第三を結するなり。

応《まさ》に知るべし、但法華経の但の字は是れ一字なりと雖《いえど》も、意は三段に冠《かん》するなり。謂《いわ》く、一念三千《いちねんさんぜん》の法門は一代諸経の中には但法華経、法華経の中には但本門寿量品《じゅりょうほん》、本門寿量品の中には但文底秘沈《もんていひちん》と云云《うんぬん》。故に三種の相対は文に在《あ》りて分明《ふんみょう》なり」（『三重秘伝抄《さんじゅうひでんしょう》』、『六巻抄《ろっかんしょう》』聖教新聞社刊）

『三重秘伝抄《さんじゅうひでんしょう》』において、「一念三千《いちねんさんぜん》の法門は但法華経の本門・寿量品《じゅりょうほん》の文《もん》の底《そこ》にしづめたり、竜樹《りゅうじゅ》・天親《てんじん》・知ってしかも・いまだ・ひろいいださず但我が天台智者《てんだいちしゃ》のみこれをいだけり」（御書一八九ページ）との御文は、成仏《じょうぶつ》の要法《ようぼう》たる真の一念三千が法華経寿量品の文の底に秘沈されていることを示していると指摘している。

「但《ただ》法華経」の「但」の字は「但法華経」「但本門・寿量品《じゅりょうほん》」「但文《もん》の底《そこ》」と三重に冠して読むべきであるとしている。

これを図示すれば次のようになる。

「但《ただ》法華経」……………権実相対《ごんじつそうたい》
「但本門・寿量品《じゅりょうほん》」…本迹相対《ほんじゃくそうたい》
「但文《もん》の底《そこ》」…………種脱相対《しゅだつそうたい》

ここで、法華経は一経であるが、その説《と》かれた法門の深さから、迹門《しゃくもん》・本門・文底《もんてい》という三層になることを示している。

寿量品《じゅりょうほん》の文底に秘沈された文底独一本門《もんていどくいちほんもん》の事《じ》の一念三千《いちねんさんぜん》すなわち南無妙法蓮華経こそ、成仏《じょうぶつ》の究極の要法であり、これは末法弘通《ぐつう》のために寿量品の文底に沈《しず》めて残されたのである。

〈注5〉【竜樹《りゅうじゅ》や天親《てんじん》】 いずれもインドの大乗《だいじょう》の学者。竜樹は、サンスクリット名のナーガールジュナの漢訳。二、三世紀の学者。大乗教の諸経典を注釈するとともに、多くの論書を著し、「空《くう》」の思想を大成《たいせい》した。主著に『中論《ちゅうろん》』がある。
天親《てんじん》は、サンスクリット名のヴァスバンドゥの漢訳。世親《せしん》とも訳される。四、五世紀の学者。無著《むじゃく》（アサンガ）の弟。はじめ小乗教《しょうじょうきょう》を学び『倶舎論《くしゃろん》』などを著した後、無著に導かれて小乗教を捨て、大乗教を学び、唯識思想《ゆいしきしそう》を確立した。多くの論書をつくり「千部の論師」とたたえられる。

第7段　一念《いちねん》三千《さんぜん》を説《と》かない諸宗を除《のぞ》く

（御書一八九ジペー四行目～十七行目）

十界互具《じっかいごぐ》を知らない五宗《ごしゅう》

一念三千《いちねんさんぜん》は十界互具《じっかいごぐ》から始まる。

法相宗《ほっそうしゅう》と三論宗《さんろんしゅう》は、八界《はっかい》〈注1〉を立てているが十界を知らない。まして十界互具を知っているはずがあるだろうか。

倶舎宗《くしゃしゅう》・成実宗《じょうじつしゅう》・律宗《りっしゅう》などは阿含経《あごんぎょう》〈注2〉に基づいている。その阿含経では六界〈注3〉を明らかにしているが四界〈注4〉を知らない。また、「十方の世界すべてにおいてただ釈尊一仏《しゃくそんいちぶつ》しかいない」と説《と》いて、「十方の一方ずつに仏がいる」とさえも説いていない。「あらゆる衆生《しゅじょう》すべてに仏性《ぶっしょう》〈注5〉がある」とは説かず、それどころか「仏となった釈尊一人にもともと仏性があった」とすら認めていない。

大乗《だいじょう》の教義を盗《ぬす》んだ律宗《りっしゅう》・成実宗《じょうじつしゅう》

それなのに、律宗《りっしゅう》・成実宗《じょうじつしゅう》などが「十方《じっぽう》の世界に仏がいる」「もともと仏性がある」などと言うのは、釈尊《しゃくそん》の亡《な》くなった後、各宗の学者らが大乗の教義を自宗の教えとして盗《ぬす》み取ったものにちがいない。

同じような例を挙げれば、中国の諸思想、インドの諸思想でも次のようなことがある。

釈尊《しゃくそん》が出現する前のインドの諸思想は、誤《あやま》った考えといっても根の浅いものであった。釈尊が亡《な》くなった後のインドの諸思想は仏教を見聞きして自分たちの教えの欠陥《けっかん》に気付き、ずるがしこい心が出てきて仏教の教えを盗《ぬす》み取って自分たちの教えに入れたので、思想の誤《あやま》りが非常に根の深いものになった。

『摩訶止観《まかしかん》』でいう「仏法を曲解《きょっかい》して誤《あやま》った教えを説《と》く者〔附仏教《ふぶっきょう》〕〈注6〉」「仏法を学びながら部分的な教えに執着《しゅうちゃく》して真理を見失った者〔学仏法成《がくぶっぽうじょう》〕〈注7〉」とは、このことである。

中国の諸思想においてもこれとまったく同じようなことがある。中国にまだ仏法が渡っていなかった時の儒教《じゅきょう》・道教《どうきょう》の人たちは、たよりなく赤ん坊のように思慮が浅かった。しかし、後漢《ごかん》以後に仏教が渡ってきて論争した後、仏教が次第に流布《るふ》するようになると、仏教の僧の中には、戒律《かいりつ》を破ったために、僧をやめて家に帰る者や、世俗《せぞく》の者に迎合《げいごう》する者が出て、儒教・道教の中に仏教の教えを盗《ぬす》み取って入れた。

天台大師《てんだいだいし》は『摩訶止観《まかしかん》』の第五巻で「今の世には悪魔のはたらきをする僧が大勢いて、僧として守らなければならない戒律《かいりつ》を放棄《ほうき》して還俗《げんぞく》するが、労役《ろうえき》を嫌って今度は道士《どうし》に乗り換える。ここでも名声や利益を追い求めて、荘子《そうし》・老子《ろうし》の教えを過大に説《と》き、仏法の教義を盗んで、誤《あやま》った教えを説く彼らの教典の中に加え、高いものを押さえて低いものにつけ、尊《とうと》いものを細かく砕《くだ》いて卑《いや》しいものに入れ、道教《どうきょう》と仏教をならして同等のものとしている」と述べている。

妙楽大師《みょうらくだいし》（湛然《たんねん》）はこの文について『止観輔行伝弘決《しかんぶぎょうでんぐけつ》』で、次のように述べている。

「僧の身となって仏法を破壊《はかい》する者がいる。また、『僧として守らなければならない戒律《かいりつ》を放棄《ほうき》して還俗《げんぞく》する』というのは、衛元嵩《えいげんすう》〈注8〉らのような者で、在家《ざいけ》の身となって仏法を破壊した者をいうのである。この人たちが正しい仏教の教えをひそかに盗《ぬす》んで、彼らの誤《あやま》った教典に付け加えた。

『高いものを押さえて……』とは、道士《どうし》の考えを基準として道教と仏教を平らにならし、誤《あやま》った教えと正しい教えを同等にしてしまった。このような主張は成り立たない。かつて仏道に入った者が正しい教えを盗《ぬす》み、誤った教えを助け、八万法蔵《はちまんほうぞう》・十二部経《じゅうにぶきょう》〈注9〉という仏教の経典という高いものを押さえて、五千余字《よじ》・上下二篇《へん》しかない老子道徳経《ろうしどうとくきょう》〈注10〉と同じ低い位置に下げて、道教教典の誤った低い教えを解釈することを『尊《とうと》いものを細かく砕《くだ》いて卑《いや》しいものに入れる』と言うのである」と。

これらの説明を見なさい。先に儒教《じゅきょう》・道教《どうきょう》について述べたことは、こういう意味である。

◇注　解◇

〈注1〉【八界《はっかい》】十界のうち、二つの界を除いたもの。どの二つかは諸説あって定まらない。

〈注2〉【阿含経《あごんぎょう》】「阿含」は、サンスクリットのアーガマの音写で、伝承された聖典の意。各部派が伝承した釈尊《しゃくそん》の教説のこと。歴史上の釈尊に比較的近い時代の伝承を伝えている。漢訳では長阿含《じょうあごん》・中阿含《ちゅうあごん》・増一阿含《ぞういちあごん》・雑阿含《ぞうあごん》の四つがある。中国や日本では、大乗《だいじょう》との対比で、小乗《しょうじょう》の経典として位置づけられた。

〈注3〉【六界《ろっかい》】地獄《じごく》・餓鬼《がき》・畜生《ちくしょう》・修羅《しゅら》・人《にん》・天《てん》という六道のこと。迷いの境涯《きょうがい》。

〈注4〉【四界《しかい》】声聞《しょうもん》・縁覚《えんがく》・菩薩《ぼさつ》・仏《ほとけ》という四聖《ししょう》のこと。仏道修行によって分々の覚《さと》りを得た境涯《きょうがい》。

〈注5〉【仏性《ぶっしょう》】あらゆる衆生《しゅじょう》にそなわっている仏の性分《しょうぶん》、本性《ほんしょう》。

〈注6〉【仏法を曲解《きょっかい》して誤《あやま》った教えを説《と》く者〔附仏教《ふぶっきょう》〕】『摩訶止観《まかしかん》』に説かれる三種の外《げ》道《どう》の一つ。仏法に基づいて教えを立てているが、その本質が外道である者をいう。

〈注7〉【仏教を学びながら部分的な教えに執着《しゅうちゃく》して真理を見失った者〔学仏法成《がくぶっぽうじょう》〕】『摩訶《まか》止観《しかん》』に説《と》かれる三種の外道《げどう》の一つ。仏法を学びながら正しい見識を得ることができずに外道に堕《だ》する者をいう。

なお、三種の外道《げどう》のうち残り一つは、仏法外《ぶっぽうげ》（迦毘羅《かびら》・漚楼僧佉《うるそうぎゃ》・勒娑婆《ろくしゃば》という仏教と関係がない外道）である。

〈注8〉【衛元嵩《えいげんすう》】中国・北周《ほくしゅう》の廃仏論者《はいぶつろんじゃ》。僧から還俗《げんぞく》し、武帝《ぶてい》に廃仏を勧《すす》めた。

〈注9〉【十二部経《じゅうにぶきょう》】仏教の経典を叙述《じょじゅつ》形式・内容から十二種に分類したもの。

〈注10〉【老子道徳経《ろうしどうとくきょう》】略して『老子』ともいう。中国の伝説的な思想家・老耼《ろうたん》が著したとされる書で、道教《どうきょう》で重んじられた。

第8段　中国に仏法が伝来《でんらい》

（御書一八九ページ十八行目～一九〇ページ七行目）

(190)

法華経第一の教判を立てた天台大師《てんだいだいし》

仏教でも同じである。後漢《ごかん》の永平《えいへい》年間に中国へ仏法が伝わり〈注1〉、儒教《じゅきょう》・道教《どうきょう》の教典は間違いであることが分かり、仏教経典の地位が確立した。

ところが、仏教経典の解釈に南三北七《なんさんほくしち》〈注2〉の各派が興《おこ》り、異なった主張が乱立したが、陳《ちん》・隋《ずい》の時代の天台智者大師《てんだいちしゃだいし》に打ち破られ、仏法は再び多くの人々を救った。

非《ひ》を認《みと》め天台宗《てんだいしゅう》に帰伏《きぶく》した法相宗《ほっそうしゅう》の諸師

その後、法相宗《ほっそうしゅう》と真言宗《しんごんしゅう》がインドから渡り、また華厳宗《けごんしゅう》が興《おこ》った。

これらの宗派の中でも、法相宗《ほっそうしゅう》は天台宗《てんだいしゅう》と全面的に敵対する宗派で、両宗の教えは水と火のように正反対であった〈注3〉。しかし、玄奘三蔵《げんじょうさんぞう》〈注4〉や慈《じ》恩大師《おんだいし》（基《き》）〈注5〉は、詳細に天台の著作を見たので自宗の誤《あやま》った考えが改まったためだろうか、自宗を捨てはしないものの、内心では天台に服従《ふくじゅう》したようである〈注6〉。

一念三千《いちねんさんぜん》の法門を盗《ぬす》んだ真言宗《しんごんしゅう》

華厳宗《けごんしゅう》と真言宗《しんごんしゅう》は、もともと方便《ほうべん》の経に基づく宗派である。真言宗《しんごんしゅう》の善無畏三蔵《ぜんむいさんぞう》〈注7〉、金剛智三蔵《こんごうちさんぞう》〈注8〉は、天台《てんだい》の一念三千《いちねんさんぜん》の教義を盗《ぬす》み取って自宗の肝心《かんじん》とし、その上に印《いん》と真言《しんごん》〈注9〉を加えて、自宗の方が優れていると考えるようになった。詳しいいきさつ〈注10〉を知らない学者らは、インド以来、大日経《だいにちきょう》〈注11〉には一念三千《いちねんさんぜん》の法門があったのだと思っている。

華厳経《けごんぎょう》に一念三千《いちねんさんぜん》が説《と》かれていると強弁《きょうべん》

華厳宗《けごんしゅう》は、澄観《ちょうかん》〈注12〉の時に華厳経《けごんぎょう》〈注13〉の「心は巧《たく》みな画工《がこう》のようなものである〔心如工画師《しんにょくえし》〕」という経文を解釈するにあたって、天台《てんだい》の一念三千《いちねんさんぜん》の法門を盗《ぬす》み取って入れ、華厳経にもともとあったと主張したのである。人々はこのことを知らない。

◇注　解◇

〈注1〉【後漢《ごかん》の永平《えいへい》年間に中国へ仏法が伝わり】①中国への仏教初伝について、「開目抄《かいもくしょう》」下にも「後漢の第二・明帝《めいてい》の永平《えいへい》十年丁卯《ひのとう》の年・仏法・漢土《かんど》にわたる」（御書二二六ページ）とあり、日蓮大聖人は永平十年（六七年）とされている。

「四条金吾殿御返事《しじょうきんごどのごへんじ》」でも「中国には、後漢《ごかん》の第二代の明帝《めいてい》が、永平《えいへい》七年（六四年）に金神の夢を見て、博士《はかせ》蔡愔《さいいん》・王遵《おうじゅん》などの十八人を月氏《がっし》に派遣して仏法を求めさせたところ、中《ちゅう》インドの摩騰《まとう》迦《が》と竺法蘭《じくほうらん》という二人の聖人《しょうにん》を同十年丁卯《ひのとう》の歳《とし》（六七年）に迎え入れ、崇《すう》重《ちょう》した」（御書一一六七ページ、趣意）と述べられている。

また、前漢《ぜんかん》の哀帝《あいてい》の元寿元年《げんじゅがんねん》（紀元前二年）、大月氏王《だいげっしおう》の使者・伊存《いそん》が景盧《けいろ》なる人物に浮《ふ》屠経《ときょう》（仏典）を口伝《くでん》したという説もある。

仏教が確実に伝来《でんらい》したことを示す史料としては、『後漢書《ごかんじょ》』楚王英伝《そおうえいでん》に後漢の明帝《めいてい》の詔《みことのり》があり、ここから永平《えいへい》八年（六五年）の時点で、楚王英が仏を祭っていたことが読み取れる。

いずれにせよ、紀元前後に西域《せいいき》からの朝貢《ちょうこう》や通商にともない、徐々に伝来《でんらい》したと考えられる。

二世紀半ばから仏典が本格的に伝訳されるようになる。パルティア（安息国《あんそくこく》）の太子・安世高《あんせいこう》は、後漢《ごかん》の桓帝《かんてい》の建和《けんわ》年間（一四七年～一四九年）の初めに洛陽《らくよう》に来て、部派仏教の経典を中心に漢訳した。同時期の後漢の支婁迦讖《しるかせん》は、大乗《だいじょう》経典を最初に漢訳したとされる。
②日本への仏教初伝は六世紀とされる。出典により諸説あるが、特に、欽明天皇《きんめいてんのう》の時代の、五五二年と五三八年の二説が知られている。
日蓮大聖人は、「千日尼御前御返事《せんにちあまごぜんごへんじ》」に「日本国には、人王《にんのう》第三十代・欽明天皇《きんめいてんのう》の御代《みよ》、同天皇の統治《とうち》十三年（五五二年）、この日本より西の百済国《ひゃくさいこく》という国から聖明王《せいめいおう》が日本国に仏法を渡した」（御書一三〇九ページ、趣意）と仰《おお》せであるのをはじめ、諸御抄で、欽明天皇十三年＝五五二年説を用いられている。

この五五二年説は、日本最初の勅撰《ちょくせん》の歴史書である『日本書紀《にほんしょき》』に見られる。五五二年は、当時、中国で用いられていた正法千年・像法《ぞうほう》五百年説にしたがうと、末法元年となる。この点を指摘する学説もある。『日本書紀』は、大聖人御在世当時から二十世紀にいたるまで、仏教伝来《でんらい》を語る史料として広く用いられてきた。

一方、五三八年説は、「元興寺縁起《がんごうじえんぎ》」（伝教大師《でんぎょうだいし》の『顕戒論《けんかいろん》』で引用）や『上宮聖徳法王《じょうぐうしょうとくほうおう》帝説《ていせつ》』に見られ、近年の研究ではこちらの説が有力視されている。

この公伝以前にも、韓《かん》・朝鮮《ちょうせん》半島や中国からの渡来人《とらいじん》が私的に仏教を伝えたと考えられる。その他、継体天皇《けいたいてんのう》十六年（五二二年）に来朝した漢人の司馬達等《しばたっと》が大和国坂田原《やまとのくにさかたはら》に草堂を結んで本尊《ほんぞん》を安置・礼拝《らいはい》したという記事（『扶桑略記《ふそうりゃっき》』）や、朝鮮史料から五四八年とする説もある。

『日本書紀《にほんしょき》』によると、仏教公伝当初、崇仏派《すうぶつは》の蘇我《そが》氏と排仏派《はいぶつは》の物部《もののべ》氏が争《あらそ》い、用明天皇《ようめいてんのう》二年（五八七年）に物部氏が滅びて正式に仏教が受容された。そして、用明天皇の皇子である聖徳太子《しょうとくたいし》が仏教を手厚く保護し、『法華義疏《ほっけぎしょ》』などを著すとともに、法隆寺《ほうりゅうじ》や四天王寺《してんのうじ》などを建立《こんりゅう》したとされる。

日本仏教の興隆《こうりゅう》は寺院の建立《こんりゅう》に負うところが多く、これが飛鳥《あすか》文化・天平《てんぴょう》文化の中心をなした。奈良時代初期には三論《さんろん》・成実《じょうじつ》・法相《ほっそう》・倶舎《くしゃ》・律《りつ》・華厳《けごん》の南都六宗《なんとろくしゅう》が出そろった。

以上が、本抄の第9段「日本に仏教が伝来《でんらい》」より前の状況である。

〈注2〉**【南三北七《なんさんほくしち》】** 中国の南北朝《なんぼくちょう》時代（四四〇年～五八九年）にあった仏教の十の学派。長江流域《ちょうこうりゅういき》の南地の三師と黄河《こうが》流域の北地の七師。

〈注3〉法相宗《ほっそうしゅう》の教えについては、本抄第18段（本書一二九ページ～一三二ページ）で取り上げられている。

〈注4〉**【玄奘三蔵《げんじょうさんぞう》】** 六〇二年～六六四年。中国・唐《とう》初期の僧。インドへ経典を求めて旅し、多くの経典を将来するとともに、翻訳を一新した。主著に旅行記『大唐西域記《だいとうさいいきき》』がある。

弟子の慈恩《じおん》（基《き》）が立てた法相宗《ほっそうしゅう》で祖師《そし》とされる。

〈注5〉【慈恩大師《じおんだいし》（基《き》）】六三二年～六八二年。中国・唐《とう》の僧。玄奘《げんじょう》の弟子で、法相宗《ほっそうしゅう》の開創者。長安《ちょうあん》（現在の陝西省西安《せんせいしょうせいあん》）の大慈恩寺《だいじおんじ》に住んだので、慈恩大師と称される。

〈注6〉【玄奘三蔵《げんじょうさんぞう》や慈恩大師《じおんだいし》（基《き》）は……内心では天台《てんだい》に服従《ふくじゅう》したようである】華厳宗《けごんしゅう》については「撰時抄《せんじしょう》」で、法蔵《ほうぞう》が天台大師智顗《ちぎ》をたたえた『華厳経探玄記《けごんぎょうたんげんき》』にある言葉を挙《あ》げられている。すなわち、「思禅師《しぜんじ》（＝南岳大師慧師《なんがくだいしえし》）智者《ちしゃ》（＝天台智者大師智顗）等の如き神異《じんい》に感通《かんつう》して迹登位《しゃくとうい》に参《まじ》わる霊山《りょうぜん》の聴法憶《ちょうほうおも》い今に在《あ》り」（御書二七〇㌻）。

〈注7〉【善無畏三蔵《ぜんむいさんぞう》】六三七年～七三五年。インドの王族出身で西域《せいいき》を経て中国に大日経《だいにちきょう》系《けい》の真言密教《しんごんみっきょう》を伝えた。

〈注8〉【金剛智三蔵《こんごうちさんぞう》】六六九年～七四一年。南インド出身の真言《しんごん》の僧。海路、中国に入り、金剛頂経系《こんごうちょうきょうけい》の真言密教《みっきょう》を伝えた。

〈注9〉【印《いん》と真言《しんごん》】印は、仏・菩薩《ぼさつ》・神々などを象徴《しょうちょう》する特定の手・指の組み方。真言は、仏・菩薩などの智慧《ちえ》や力《ちから》を象徴する一種の呪文《じゅもん》。密教では、印と真言によって、仏・菩薩などの力が行者に備《そな》わり、祈禱《きとう》が成就《じょうじゅ》すると説《と》く。

〈注10〉【詳《くわ》しいいきさつ】このいきさつについては、「撰時抄《せんじしょう》」で詳しく述べられている。
すなわち、善無畏《ぜんむい》は、天台宗《てんだいしゅう》の教判《きょうはん》が諸宗より優《すぐ》れていることに気づいていたが、天台宗の一行禅師《いちぎょうぜんじ》をだまして、大日経《だいにちきょう》の注釈書《ちゅうしゃくしょ》を書かせて真言宗《しんごんしゅう》を広めようとした。その際、一行にどのように書けばよいか、次のように語っている（御書二七六ジペー、趣意）。

「大日経《だいにちきょう》に住心品《じゅうしんぼん》という品《ほん》があります。この品は、無量義経《むりょうぎきょう》が法華経以前の四十年余りに説《と》かれた諸経を打ち払ったのと同じようなものです。

また大日経《だいにちきょう》の第二品である入漫荼羅具縁品《にゅうまんだらぐえんぼん》以下の諸品は、中国では法華経と大日経という二つの経ですが、インドでは一つの経のようになっています。

釈尊《しゃくそん》は舎利弗《しゃりほつ》や弥勒《みろく》に向かっては大日経《だいにちきょう》を法華経と名づけて、印《いん》と真言《しんごん》を捨ててただ理だけを説《と》いたのですが、羅什三蔵《らじゅうさんぞう》はこれを中国へ伝えました。天台大師《てんだいだいし》はこれを見たのです。

一方、大日如来《だいにちにょらい》は法華経を大日経《だいにちきょう》と名づけて金剛薩埵《こんごうさった》に向かって説《と》かれました。これを大日経と名づけます。自分は現にインドでそれを見ました。

それ故《ゆえ》、あなたは、大日経《だいにちきょう》と法華経を、水と乳《ちち》を混《ま》ぜ合わせるように統一して同じ趣旨《しゅし》のものとすればよいのです。

もしそうすれば、大日経《だいにちきょう》は、已今当《いこんとう》の三説については、法華経と同様にすべて屈服《くっぷく》させることができるでしょう。

そして、印《いん》と真言《しんごん》は、法華経に説《と》かれる心法《しんぽう》の一念三千《いちねんさんぜん》に飾《かざ》りつけるなら、身《しん》・口《く》・意《い》の三密《さんみつ》がすべて一致した秘法《ひほう》となるでしょう。

三密《さんみつ》が一致したところから見れば、天台宗《てんだいしゅう》は意密《いみつ》です。真言《しんごん》は、勇敢《ゆうかん》な将軍が兜《かぶと》と鎧《よろい》を身につけ、弓矢を携《たずさ》え、太刀《たち》を腰《こし》につけているようなものです。天台宗は意密だけなので、勇敢な将軍が丸裸《まるはだか》であるようなものでしょう」

〈注11〉【大日経《だいにちきょう》】大毘盧遮那成仏神変加持経《だいびるしゃなじょうぶつじんぺんかじきょう》のこと。中国・唐《とう》の善無畏《ぜんむい》・一行《いちぎょう》の共訳。七巻。最初のまとまった密教経典《みっきょうきょうてん》であり、曼荼羅《まんだら》（胎蔵曼荼羅《たいぞうまんだら》）の作成法やそれに基《もと》づく修行法などを説《と》く。密教は、インドにおける大乗《だいじょう》仏教の展開の最後に出現したもので、神秘的な儀礼や象徴《しょうちょう》を活用して修行の促進や現世利益《げんせりやく》の成就《じょうじゅ》を図る仏教をいう。

〈注12〉【澄観《ちょうかん》】七三八年〜八三九年。中国華厳宗《けごんしゅう》の第四祖に位置づけられる。五台山清涼寺《ごだいさんしょうりょうじ》に住み清涼国師《しょうりょうこくし》と呼《よ》ばれた。

〈注13〉【華厳経《けごんぎょう》】詳《くわ》しくは大方広仏華厳経《だいほうこうぶつけごんぎょう》という。漢訳には、中国・東晋《とうしん》の仏駄跋陀羅訳《ぶっだばっだらやく》の六十華厳（旧訳《くやく》）、唐《とう》の実叉難陀訳《じっしゃなんだやく》の八十華厳（新訳《しんやく》）、唐の般若訳《はんにゃやく》の四十華厳の三種がある。無量《むりょう》の功徳《くどく》を完成した毘盧遮那仏《びるしゃなぶつ》の荘厳《しょうごん》な覚《さと》りの世界を示そうとした経典であるが、仏《ほとけ》の世界は直接《ちょくせつ》に説《と》くことができないので、菩薩《ぼさつ》のときの無量《むりょう》の修行《しゅぎょう》（菩薩の五十二位）を説き、間接的に表現している。

第9段　日本に仏法が伝来《でんらい》

（御書一九〇ジペー八行目〜十七行目）

六宗《ろくしゅう》の邪義《じゃぎ》を破折《はしゃく》した伝教大師《でんぎょうだいし》

わが国日本には、華厳宗《けごんしゅう》などの六宗《ろくしゅう》〈注1〉が、天台宗《てんだいしゅう》・真言宗《しんごんしゅう》が伝来《でんらい》する以前に渡っていた。華厳宗・三論宗《さんろんしゅう》・法相宗《ほっそうしゅう》は互いに論争し、それぞれの主張は水と火のように相反するものであった。

しかし、伝教大師《でんぎょうだいし》（最澄《さいちょう》）〈注2〉がこの国に現《あらわ》れて、六宗《ろくしゅう》の誤《あやま》った考えを打ち破った〈注3〉。それだけではなく、真言宗《しんごんしゅう》が天台宗《てんだいしゅう》の法華経の法理《ほうり》を盗み取って自宗《じしゅう》の根本としたことも明らかになった〈注4〉。

伝教大師《でんぎょうだいし》は各宗の学者のそれぞれ異《こと》なった主張を用いず、もっぱら経文を前面に立てて責《せ》めたので、六宗《ろくしゅう》の高僧ら八人、十二人、十四人、そして三百人余りの人々、さらには弘法大師《こうぼうだいし》（空海《くうかい》）〈注5〉らも責《せ》め落とされてしまった。日本国中一人ももれなく天台宗《てんだいしゅう》に服従《ふくじゅう》して、奈良の六宗《ろくしゅう》の諸寺、真言宗の東寺〈注6〉、そして日本全国の寺院は、皆、比叡山《ひえいざん》の末寺となった。また中国の諸宗の開祖たちが、天台に服従したことで謗法《ほうぼう》の罪《つみ》を免《まぬか》れたことも、伝教によって明らかになった。

他宗に侵害《しんがい》された天台宗《てんだいしゅう》の末学

だが、その後、次第に世が衰え、人々も深いことが理解できなくなるにしたがって、天台教学《てんだいきょうがく》の中でも一歩踏み込んだ部分は、学ばれなくなってしまった。

他宗はそれぞれの教えに執着《しゅうちゃく》する心が強くなり、それにつれて、次第に、奈良の六宗《ろくしゅう》、それに真言宗《しんごんしゅう》を加えた七宗に天台宗《てんだいしゅう》は侵害《しんがい》されて衰《おとろ》えていったためだろうか、ついには、六宗・七宗などにも及《およ》ばない、取るに足らない禅宗《ぜんしゅう》や浄土宗《じょうどしゅう》にまで侵害《しんがい》されて、初めは有力在家信徒《ゆうりょくざいけしんと》が次第にそれらの誤《あやま》った宗派に移った。結局は、天台宗の高僧と仰がれる人々までが、皆、天台宗の本来の法華経尊重《ほけきょうそんちょう》の立場から脱落《だつらく》し、それらの誤《あやま》った宗派に力《ちから》を貸《か》すようになった〈注7〉。

そうこうしているうちに、六宗・八宗に寄進《きしん》された田畑・領地《りょうち》は、皆、それらの誤った宗派のものとなり、正しい教えはすっかり失われてしまった。天照太神《てんしょうだいじん》〈注8〉・八幡神《はちまんじん》〈注9〉・山王《さんのう》〈注10〉など、さまざまな日本を守護する天の神々も法味《ほうみ》（仏法の教えという栄養）を得られなくなったためか、日本の中から去ってしまったからだろうか、悪鬼《あっき》が機会《きかい》を得て入り込んで災難を引き起こし、国はもはや、滅《ほろ》びようとしている。

◇注　解◇

〈注1〉【華厳宗《けごんしゅう》などの六宗《ろくしゅう》】奈良時代までに日本に伝わった仏教の六つの学派。華厳《けごん》・法《ほっ》相《そう》・三論《さんろん》・倶舎《くしゃ》・成実《じょうじつ》・律《りつ》の六宗。

〈注2〉【伝教大師《でんぎょうだいし》（最澄《さいちょう》）】七六七年あるいは七六六年〜八二二年。日本天台宗の開創者。比叡山《ひえいざん》に延暦寺《えんりゃくじ》を築く。法華経の卓越性《たくえつせい》を主張し、法華一乗思想《ほっけいちじょうしそう》を宣揚《せんよう》した。

〈注3〉このいきさつは、「撰時抄《せんじしょう》」で詳《くわ》しく記されている（御書二七一ページ）。

〈注4〉この点については「報恩抄《ほうおんしょう》」で、伝教大師《でんぎょうだいし》の『依憑集《えひょうしゅう》』に基づいて述べられている（御書三〇四ページ）。

〈注5〉【弘法大師《こうぼうだいし》（空海《くうかい》）】七七四年〜八三五年。中国で恵果《けいか》から学び密教《みっきょう》を体系的に伝え、大日経系《だいにちきょうけい》と金剛頂経系《こんごうちょうきょうけい》の密教を一体化し、真言宗《しんごんしゅう》を開創した。高野山《こうやさん》に金剛峯寺《こんごうぶじ》を築き、また嵯峨天皇《さがてんのう》から京都の東寺《とうじ》を与えられた。

〈注6〉【東寺《とうじ》】教王護国寺《きょうおうごこくじ》のこと。京都にある真言宗東寺派《しんごんしゅうとうじは》の総本山。延暦《えんりゃく》十五年（七九六年）に桓武天皇《かんむてんのう》が平安京《へいあんきょう》の鎮護《ちんご》として、羅城門《らしょうもん》の左右に東西両寺を建立《こんりゅう》したのが始まり。弘仁《こうにん》十四年（八二三年）、嵯峨《さが》天皇より空海《くうかい》に与えられ、灌頂道場《かんじょうどうじょう》とされた。「一《いち》の長者《ちょうじゃ》」

といわれる東寺の住職が、真言宗全体の管長の役目を果たした。

〈注7〉このいきさつについては、「報恩抄《ほうおんしょう》」で天台座主《てんだいざす》の慈覚《じかく》（円仁《えんにん》）・智証《ちしょう》（円珍《えんちん》）らの過《あやま》ちとして詳《くわ》しく述べられている（御書三〇五ジ）。

〈注8〉【天照太神《てんしょうだいじん》】日本神話に登場する太陽神で、天皇家の祖先神《そせんしん》とされ、神宮《じんぐう》（伊勢神宮《いせじんぐう》）に祭られる。仏法を守護する諸天善神《しょてんぜんじん》とされた。

〈注9〉【八幡神《はちまんじん》】八幡宮《はちまんぐう》の祭神。豊前国《ぶぜんのくに》（大分県《おおいたけん》）宇佐《うさ》、奈良《なら》の手向山《たむけやま》、山城国《やましろのくに》（京都府）石清水《いわしみず》、鎌倉《かまくら》の鶴岡《つるがおか》、大隅《おおすみ》（鹿児島県）などに祭られている。応神天皇《おうじんてんのう》と一体とされ、鎮《ちん》護国家《ごこっか》の神、源氏《げんじ》をはじめ武士《ぶし》の守り神として信仰された。

〈注10〉【山王《さんのう》】滋賀県大津市坂本《しがけんおおつしさかもと》にある日吉大社《ひよしたいしゃ》の祭神。延暦寺《えんりゃくじ》の守護神《しゅごしん》、法華守護の神とされた。

第10段　権迹相対《ごんしゃくそうたい》（諸経と法華経迹門《しゃくもん》の比較《ひかく》）

（御書一九〇ページ十八行目～一九一ページ一行目）

法華経は最も難信難解《なんしんなんげ》の法

ここで、私なりに、四十年余りの間に説《と》かれた諸経と最後の八年間に説かれた法華経の相違を検討してみると、その相違は数多くあるが、何はさておいても、世間の学者たちも認《みと》め、私自身にもそうだと思われることは、二乗作仏《にじょうさぶつ》〈注1〉と久遠実成《くおんじつじょう》〈注2〉といってよい。

（191）

◇注　解◇

第10段から法華経とそれ以外の諸経の比較《ひかく》が行われる。

第10段では、法華経迹門《しゃくもん》で説《と》かれる二乗作仏《にじょうさぶつ》と本門で説かれる久遠実成《くおんじつじょう》の二点の違いが指摘されているが、第11段からは、まず二乗作仏を取り上げ、詳しく説明されていく。それ故、この第10段から権迹相対《ごんしゃくそうたい》と位置づけられる。

なお、久遠実成《くおんじつじょう》については、第15段以降、迹門《しゃくもん》と本門の比較《ひかく》として論じられていく。

〈注1〉【二乗作仏《にじょうさぶつ》】法華経以外の大乗経《だいじょうきょう》では、六道輪廻《ろくどうりんね》から解脱《げだつ》して涅槃《ねはん》に至《いた》ることを目指す声聞《しょうもん》・縁覚《えんがく》の二乗は、菩薩道《ぼさつどう》の利他《りた》の実践をしないので、成仏《じょうぶつ》の因《いん》である仏種《ぶっしゅ》が断じられて成仏することはないとされていた。それに対し法華経迹門では、二乗にも本来、仏《ぶっ》知見《ちけん》（仏の智慧《ちえ》の境涯《きょうがい》）がそなわっていて、成仏を目指す菩薩であり、未来に菩薩道を成就して成仏することを具体的な時代や国土や如来《にょらい》としての名などを挙《あ》げて保証《ほしょう》された。

〈注2〉【久遠実成《くおんじつじょう》】法華経本門では、釈尊《しゃくそん》は自身が今世《こんぜ》で成道《じょうどう》したということこれまでの諸経で述べていたことを否定し、五百塵点劫《ごひゃくじんてんごう》という久遠《くおん》の過去に実は成仏しており、それ以来、衆生教化《しゅじょうきょうけ》のために無数の世でさまざまな姿を示してきたと明かした。

第11段　法華経は二乗《にじょう》に成仏《じょうぶつ》の保証《ほしょう》

（御書一九一ジペー一行目〜九行目）

迹門《しゃくもん》で二乗不作仏《にじょうふさぶつ》を打ち破る

法華経に厳然とある経文を拝見すると、舎利弗《しゃりほつ》〈注1〉は華光如来《けこうにょらい》、迦葉《かしょう》〈注2〉は光明如来《こうみょうにょらい》、須菩提《しゅぼだい》〈注3〉は名相如来《みょうそうにょらい》、迦旃延《かせんねん》〈注4〉は閻浮那提金光如来《えんぶなだいごんこうにょらい》、目連《もくれん》〈注5〉は多摩羅跋栴檀香仏《たまらばっせんだんこうぶつ》、富楼那《ふるな》〈注6〉は法明如来《ほうみょうにょらい》、阿難《あなん》〈注7〉は山海慧自在通王仏《せんがいえじざいつうおうぶつ》、羅睺羅《らごら》〈注8〉は蹈七宝華如来《とうしっぽうけにょらい》、五百人の阿羅漢《あらかん》〈注9〉とそのほか七百人の阿羅漢は普明如来《ふみょうにょらい》、修行途中の者《しゅぎょう》〔学《がく》〕〈注10〉と修行が完成した者〔無学《むがく》〕〈注11〉を合わせた二千人は宝相如来《ほうそうにょらい》、摩訶波闍波提比丘尼《まかはじゃはだいびくに》

〈注12〉らは一切衆生憙見如来《いっさいしゅじょうきけんにょらい》、耶輸陀羅比丘尼《やしゅだらびくに》〈注13〉は具足千万光相如来《ぐそくせんまんこうそうにょらい》になるなど、未来の成仏《じょうぶつ》が保証《ほしょう》されている。これらの人々は法華経を拝見する限りでは尊《とうと》いようだが、法華経以外の諸経を見てみると、がっかりするようなことが多い。

その理由を述べよう。

仏である釈尊《しゃくそん》は真実の言葉を語る人である。それ故、聖人《しょうにん》・大人《だいにん》と呼ばれる。中国の思想やインドの思想の中で賢人《けんじん》・聖人《しょうにん》・天《てん》・仙《せん》などと言うのは、真実の言葉を語る人に付けた名である。これらの人々よりも優《すぐ》れていて第一の人であるから、釈尊を大人《だいにん》と申し上げるのである。

この大人《だいにん》である釈尊《しゃくそん》は「（仏たちは）ただ一つの重大な目的《もくてき》〔一大事因縁《いちだいじいんねん》〕のために、この世に出現《しゅつげん》する」（方便品《ほうべんぽん》）と言ってご自身の立場を明らかにされ、「まだ真実を顕《あらわ》していない（未顕真実《みけんしんじつ》）」（無量義経《むりょうぎきょう》）、「仏《ほとけ》は必《かなら》ず、長い期間を経《へ》たのちに、真実の教えを説《と》くだろう（世尊法久後・要当説真実《せそんほうくごようとうせつしんじつ》）」（方便品《ほうべんぼん》）、「まっすぐに方便を捨てて（正直捨方便《しょうじきしゃほうべん》）」（方便品）と説かれた。また多宝仏《たほうぶつ》は釈尊の言葉が真実であることを保証し、分身の仏たちは真実であることを保証《ほしょう》するため長い舌《した》を出した。これらのことによって、舎利弗《しゃりほつ》が未来に華光如来《けこうにょらい》となり、迦葉《かしょう》が光明《こうみょう》如来《にょらい》となるなどの話を、誰が疑《うたが》うことができるだろうか。

◇注　解◇

〈注1〉【舎利弗《しゃりほつ》】釈尊《しゃくそん》の十大弟子の一人で、智慧《ちえ》第一とされる。舎利弗はサンスクリットのシャーリプトラの音写。法華経譬喩品《ひゆほん》第三で、舎利弗は未来に華光如来《けこうにょらい》に成《な》ると釈尊から保証された。声聞《しょうもん》の代表とされる。

〈注2〉【迦葉《かしょう》】サンスクリットのカーシャパの音写。摩訶迦葉《まかかしょう》のこと。釈尊《しゃくそん》の十大弟子の一人で、頭陀《ずだ》（欲望を制する修行）第一といわれた。釈尊の教団を支え、釈尊滅後の教団の中心となった。釈尊の言行を経典として集成したとされる。法華経授記品《じゅきほん》第六で、未来に光明如来《こうみょうにょらい》に成《な》ると保証《ほしょう》された。

〈注3〉【須菩提《しゅぼだい》】サンスクリットのスブーティの音写。釈尊《しゃくそん》の十大弟子の一人。思索に優《すぐ》れ、よく空《くう》の法理を理解していたので、解空第一《げくうだいいち》とされる。

〈注4〉【迦旃延《かせんねん》】サンスクリットのカーティヤーヤナの音写。摩訶《まか》迦旃延の略。釈尊《しゃくそん》の十大弟子の一人で、論議第一《ろんぎだいいち》とされる。釈尊の教えを詳《くわ》しく理解して説明した。

〈注5〉【目連《もくれん》】サンスクリットのマウドガリヤーヤナの音写。目犍連《もっけんれん》ともいう。釈尊《しゃくそん》の十大弟子の一人で、神通《じんずう》（超常的《ちょうじょうてき》な力《ちから》）第一とされる。

〈注6〉【富楼那《ふるな》】サンスクリットのプールナマイトラーヤニープトラの音写（富楼那弥多《みた》羅尼子《らにし》）の略。釈尊《しゃくそん》の十大弟子の一人で、聡明《そうめい》で弁論に長じ、説法《せっぽう》第一とされる。

〈注7〉【阿難《あなん》】サンスクリットのアーナンダの音写。釈尊《しゃくそん》の十大弟子の一人で、釈尊の従《い》兄弟《とこ》に当たる。釈尊の侍者《じしゃ》として、多くの説法を聞き、多聞《たもん》第一とされる。

〈注8〉【羅睺羅《らごら》】サンスクリットのラーフラの音写。釈尊《しゃくそん》の十大弟子の一人で、密行《みつぎょう》（人に知られずひそかに行う修行）第一とされる。出家前《しゅっけまえ》の釈尊の子で、耶輸陀羅《やしゅだら》（ヤショーダラー）を母とする。

〈注9〉【阿羅漢《あらかん》】声聞《しょうもん》の修行の四段階の最高位。原語であるサンスクリットのアルハトは「供養《くよう》に値《あたい》する人」という意味。

〈注10〉【修行《しゅぎょう》途中の者〔学《がく》〕】学ぶ必要のある位《くらい》、およびその位にいる人。有学《うがく》ともいう。無学に対する語。声聞《しょうもん》の修行の階位の四段階（四果《しか》）のうち、前の三段階（須陀洹《しゅだおん》・斯陀《しだ》含《ごん》・阿那含《あなごん》）のこと。

〈注11〉【修行《しゅぎょう》が完成した者〔無学《むがく》〕】仏法においては、学を究《きわ》め尽《つ》くして、もはや学ぶものがなくなった聖者《せいじゃ》のこと。学《がく》あるいは有学《うがく》に対する語。四果《しか》のうち、三界の見思惑《けんじわく》を断じ尽くした最高位の阿羅漢《あらかん》を指す。

〈注12〉【摩訶波闍波提比丘尼《まかはじゃはだいびくに》】「摩訶波闍波提」はサンスクリットのマハープラジャーパティーの音写。釈尊《しゃくそん》の母の妹。浄飯王《じょうぼんのう》の妃《きさき》で釈尊の生母である摩耶《まや》夫人が釈尊の生後七日に亡《な》くなったので、摩訶波闍波提が浄飯王《じょうぼんのう》の妃《きさき》として迎えられ、釈尊を養育した。浄飯王《じょうぼんのう》の死後に出家《しゅっけ》し、仏教史上最初の比丘尼《びくに》（女性出家者）となり、比丘尼の指導的立場として活躍した。

〈注13〉【耶輸陀羅比丘尼《やしゅだらびくに》】サンスクリットのヤショーダラーの音写。出家《しゅっけ》前の釈尊《しゃくそん》（悉達《しった》太子《たいし》）の正妃《せいひ》で、羅睺羅《らごら》の母。出家して成道《じょうどう》した釈尊より化導《けどう》され、比丘尼となった。

第12段　諸経典は二乗《にじょう》は不成仏《ふじょうぶつ》と説《と》く

（御書一九一ペ―ジ十行目～一九三ペ―ジ十五行目）

華厳経《けごんぎょう》

しかし、法華経以外の諸経もまた釈尊《しゃくそん》の真実の言葉である。

大方広仏華厳経《だいほうこうぶつけごんぎょう》には次のように説《と》かれている。

「大薬王樹《だいやくおうじゅ》に譬《たと》えられる如来《にょらい》の智慧《ちえ》は、あらゆるところで衆生《しゅじょう》を育成するという利益《りやく》を施《ほどこ》すが、ただ二カ所においては、それができない。一つは、二乗《にじょう》で、涅槃《ねはん》という広くて深い穴《あな》〈注1〉に堕《お》ちたものである。もう一つは、せっかく善行《ぜんこう》を行《おこな》っても悪行《あくぎょう》で台無しにしてしまう、仏教を実践する能力がもともとなない衆生である。このような衆生は、誤《あやま》った考えや貪欲《どんよく》・執着《しゅうちゃく》という水に溺《おぼ》れているのである」

この経文の意味は以下のようなものである。

雪山《せっせん》に大樹《たいじゅ》があり、無尽根《むじんこん》という名である。これを大薬王樹《だいやくおうじゅ》と呼ぶ。この世界の樹木の中の大王である。この木の高さは十六万八千由旬《ゆじゅん》〈注2〉である。この木が根を張り、枝葉《えだは》をつけ、花を開き実を結ぶのに応じて、この世界のすべての草木も根を張り、枝葉をつけ、花を開き実を結ぶことになっている。この木を仏の仏性《ぶっしょう》に譬《たと》える。一方、あらゆる衆生《しゅじょう》をすべての草木に譬える。ただし、この大樹《たいじゅ》は火が燃えさかっている穴と大地の下にある水の層《そう》〈注3〉では草木を成長させることはない。二乗《にじょう》の心を火の穴《あな》に譬《たと》え、仏教を信じない一闡提《いっせんだい》〈注4〉の人の心を水の層に譬えている。この二種類の衆生《しゅじょう》は永久に仏に成《な》ることができないと述べている経文である。

大集経《だいじっきょう》

大集経《だいじっきょう》〈注5〉には次のように説《と》かれている。

「二種の人がいて、彼らは死ぬことが決まっていて再びこの世に生まれてくることがない。恩《おん》を知ること（知恩《ちおん》）も恩に報《むく》いること（報恩《ほうおん》）も決してできない。この二種の人とは、第一は声聞《しょうもん》〈注6〉であり、第二は縁覚《えんがく》〈注7〉である。譬《たと》えて言えば、深い穴《あな》に落ちた人がいたとする。この人は自身が利益《りやく》を得ることも、他人に利益をもたらすこともできない。声聞・縁覚もこれと同様である。解脱《げだつ》という穴に落ち、自分自身が利益を得ることも、他人に利益をもたらすこともできない」と。

(192)

父母を救《すく》えない不知恩《ふちおん》の者

中国の諸思想の聖典は三千巻を超えるが、結局は二つのことを述べているのである。すなわち、「孝《こう》」と「忠《ちゅう》」である。さらに言えば、忠も孝から派生したものである。孝とは高《こう》である。天は高いけれども孝よりも高いことはない。また孝とは厚《こう》である。大地は厚いけれども孝よりも厚いことはない。聖人《しょうにん》・賢人《けんじん》といわれる二種の人たちはこの孝の中から出たものである。

ましてや仏法を学ぶ人に、知恩《ちおん》・報恩《ほうおん》がなくてよいのだろうか。釈尊《しゃくそん》の弟子であるなら、必ず四恩《しおん》〈注8〉を心得て知恩・報恩を行わなければならない。その上、舎利弗《しゃりほつ》・迦葉《かしょう》らといった二乗《にじょう》は、二百五十の出家《しゅっけ》教団の規則〈注9〉、三千とも言われるほど多くの作法《さほう》〈注10〉をきちんと守り、味禅《みぜん》・浄禅《じょうぜん》・無漏禅《むろぜん》という三種の禅定《ぜんじょう》〈注11〉を修《おさ》め、阿含経《あごんぎょう》を完全に習得《しゅうとく》し、三界《さんがい》〈注12〉の内を輪廻《りんね》する原因となる見惑《けんわく》・思惑《しわく》を完全に消滅《しょうめつ》させている。知恩・報恩の人の手本のはずである。

ところが、二乗《にじょう》は恩知らずの人であると、釈尊《しゃくそん》は結論づけている。そのわけはこうである。父母の家を出て出家《しゅっけ》の身となるのは、確実に父母を救《すく》うためである。しかし二乗は自分自身は生死の苦悩から解放されたと思っても、利他《りた》の行《ぎょう》〈注13〉が欠《か》けている。たとえそれぞれの境涯《きょうがい》に応じて少しは他人に利益をもたらすことがあるとしても、父母などを永久に成仏《じょうぶつ》できない方向へ導《みちび》いてしまうので、かえって恩知らずの者となるのである。

仏種《ぶっしゅ》にならない「二乗《にじょう》の善《ぜん》」

維摩経《ゆいまきょう》〈注14〉には「維摩詰《ゆいまきつ》〈注15〉が逆《ぎゃく》に文殊師利菩薩《もんじゅしりぼさつ》〈注16〉に尋《たず》ねた、『どういうものが仏種《ぶっしゅ》〈注17〉であるのか』と。それに対し、文殊《もんじゅ》が答えた。『煩悩《ぼんのう》をもつ者たちはすべて仏種である』。(中略)『五逆罪《ごぎゃくざい》〈注18〉を犯《おか》して無間地獄《むけんじごく》〈注19〉に堕《お》ちるような者であっても、なお成仏《じょうぶつ》を求《もと》める心を起こすことができる』と」とある。

また同じく維摩経《ゆいまきょう》に「仏弟子よ、譬《たと》えて言えば、高台の原野には青蓮華《しょうれんげ》〈注20〉などの種々の蓮華は生じず、じめじめした沼地《ぬまち》にこれらの蓮華が生じるようなものである」とも説《と》かれている。

またさらに「すでに阿羅漢《あらかん》の境地《きょうち》を得《え》て小乗《しょうじょう》で最高の聖者《せいじゃ》となった者は、再び成仏《じょうぶつ》を求《もと》める心を起こして仏と成《な》ることが永久にできない。五官《ごかん》の機能が失《うしな》われた者が、その五官による楽しみを二度と味わうことができないのと同じである」と説《と》かれている。

これら維摩経《ゆいまきょう》の文の意味は、「貪《むさぼ》り・瞋《いか》り・癡《おろ》かの三毒《さんどく》は仏種《ぶっしゅ》となる。父を殺すなどの五逆罪《ごぎゃくざい》は仏種となる。高台の原野には青蓮華《しょうれんげ》が生じる。このようなありえそうにないことがあっても、二乗《にじょう》が仏に成《な》ることはありえない」ということである。

その趣旨《しゅし》は、二乗《にじょう》の種々の善行《ぜんこう》と凡夫《ぼんぷ》の悪行《あくぎょう》とを比較《ひかく》すると、悪行を行《おこな》った凡夫は仏になっても、善行を積んだ二乗は仏にならないということである。多くの小乗経典《しょうじょうきょうてん》では悪を戒《いまし》めて善を褒《ほ》めている。しかし、この維摩経《ゆいまきょう》では二乗の善行を謗《そし》り、凡夫の悪行を褒めている。通念《つうねん》に反するので、仏の経典とも思えず、仏教以外のインドの諸思想の教えのようだが、要するに二乗が永久に成仏できないことをきっぱりと結論されたのではないだろうか。

爾前《にぜん》の権経《ごんきょう》で糾弾《きゅうだん》され続けた二乗《にじょう》

方等陀羅尼経《ほうどうだらにきょう》〈注21〉にはこう説《と》かれている。

「文殊師利菩薩《もんじゅしりぼさつ》が舎利弗《しゃりほつ》に語った。『たとえば枯《か》れた木は、もう一度花が咲《さ》くだろうか。また、山から流れ下《くだ》った水は、元の場所に戻るだろうか。割《わ》れた石が元通りになるだろうか。火で煎《い》った種が芽《め》を出すだろうか』と。舎利弗《しゃりほつ》は言う。『そうしたことはありえません』と。文殊《もんじゅ》は言う。『今言ったようなことがありえないのなら、〝私たち声聞《しょうもん》も仏の覚《さと》りを開くことができるとの保証《ほしょう》を得《え》て、喜ぶのだろうか〟と、どうして私に尋《たず》ねるのか』」と。

この経文の意味は、「枯《か》れた木に花は咲《さ》かない。山から流れ下《くだ》る水は山に戻ることはない。割《わ》れた石が元の一つの石になることはない。火で煎《い》った種は芽《め》が出ない。二乗《にじょう》もこれと同じである。仏種《ぶっしゅ》を火で煎ってしまったのだ」ということである。

大品般若経《だいぼんはんにゃきょう》〈注22〉には「天界《てんかい》の者たちのうち、現在のところまだ成仏《じょうぶつ》を求める心［三菩提心《さんぼだいしん》］〈注23〉を起こしていない者は、その心を起こさなければならない。もし声聞《しょうもん》の聖者《せいじゃ》となる境地《きょうち》に入《はい》ったなら、その人は成仏を求める心を起こさないのである。なぜかというと、生死を繰り返す輪廻《りんね》からいずれ離れることが確定《かくてい》しているからである」とある。

この経文の意味は、「二乗《にじょう》は成仏《じょうぶつ》を求《もと》める心を起こさないので私（須菩提《しゅぼだい》）は喜ばない。一方、天の神々は成仏を求める心を起こすので私は喜ぶ」ということである。

首楞厳経《しゅりょうごんきょう》〈注24〉には「五逆罪《ごぎゃくざい》を犯《おか》した人でも、この首楞厳三昧《しゅりょうごんざんまい》〈注25〉を聞いて成仏《じょうぶつ》を求める心を起こせば、逆に成仏することができる。しかし、釈尊《しゃくそん》よ、煩悩《ぼんのう》がなくなった阿羅漢《あらかん》は、ちょうど割《わ》れた器《うつわ》のように、永遠にこの三昧《さんまい》を受けることができないのである」とある。

浄名経《じょうみょうきょう》（維摩経《ゆいまきょう》）には「もしあなたに布施《ふせ》をしても、あなたは布施をしてくれた人に幸福をもたらす田畑ではない。むしろ、あなたに供養《くよう》すれば三悪道《さんあくどう》に堕《お》ちる」とある。

この経文の意味は、「迦葉《かしょう》や舎利弗《しゃりほつ》ら二乗《にじょう》の聖者《せいじゃ》たちを供養《くよう》する人々や神々は必ず三悪道《さんあくどう》に堕《お》ちる」ということである。

これらの聖者《せいじゃ》たちは、仏を除けば、人々や神々にとって目のように大切な存在であり、あらゆる衆生《しゅじょう》の導《みちび》き手《て》であると思っていたけれども、人々や神々など大勢が集った説法の場で、このように厳しくたびたび釈尊《しゃくそん》がおっしゃったのは、残念なことであった。

結局のところ、御自身の弟子たちをとことん責《せ》めて死なせてしまおうとされたのではないかと思うほどである。

四十年余《あま》り、人々の前で非難《ひなん》

そのほか、牛の乳《ちち》とロバの乳、土の器《うつわ》と金の器、蛍火《ほたるび》と日光など、数えきれない譬《たと》えを挙《あ》げて、二乗《にじょう》を責《せ》め立てられたのである。

それも一言や二言ではない。一日や二日ではない。一月や二月ではない。一年や二年ではない。一つの経や二つの経ではない。四十年余《あま》りの間、数知れないほど多くの経典で、数えきれないほどの説法の場に集った人々の前で、一言も許すことなく二乗《にじょう》を非難《ひなん》されたので、二乗が成仏《じょうぶつ》できないということは釈尊《しゃくそん》の偽《いつわ》りのない言葉であると、自分も知り、他の人も知り、天の神も知り、地の神も知った。一人や二人ではなく百千万もの人々、三界《さんがい》の神々・竜神《りゅうじん》〈注26〉・阿修羅《あしゅら》〈注27〉、また全インド、全世界、すべての天界《てんかい》、さらには十方《じっぽう》の世界からたくさん集まった人々や神々・二乗・大菩薩《だいぼさつ》たちは、皆このことを知り、皆このことを聞いた。そして、それぞれが元いた国土へ帰って、娑婆世界《しゃばせかい》の釈尊《しゃくそん》の説法をそれぞれの国土で銘々《めいめい》が語ったので、十方の数限りない世界のあらゆる衆生《しゅじょう》が一人ももれなく、迦葉《かしょう》や舎利弗《しゃりほつ》らは永久に成仏《じょうぶつ》できない者であり、彼らを供養《くよう》するのは悪いことにちがいないと知ったのである。

◇注　解◇

〈注1〉【涅槃《ねはん》という広くて深い穴《あな》】涅槃とはサンスクリットのニルヴァーナの音写で、輪《りん》廻《ね》の苦悩から解放された完全な平安で自在な境地《きょうち》。この境地に至ることを解脱《げだつ》という。小《しょう》乗《じょう》の教えに基づく声聞《しょうもん》・縁覚《えんがく》の者たちは、覚《さと》りを得《え》て、死後、二度とこの世界に生まれて来ないことを涅槃と考えその境地を目指した。

〈注2〉【由旬《ゆじゅん》】サンスクリットのヨージャナの音写で、インドの長さの単位。帝王《ていおう》が一日に行軍《こうぐん》する距離と言われる。

〈注3〉【大地の下にある水の層《そう》】古代インドの世界観では、大地の下に世界を支える四つの層（金輪《こんりん》・水輪《すいりん》・風輪《ふうりん》・空輪《くうりん》）があると考えられていた。水の層は、金輪の下にある第二の層。

〈注4〉【一闡提《いっせんだい》】サンスクリットのイッチャンティカの音写。誤《あやま》った欲望《よくぼう》や考えにとらわれて正しい教えを信じようとしない人。

〈注5〉【大集経《だいじっきょう》】中国・北涼《ほくりょう》の曇無讖《どんむしん》らが訳した大方等大集経《だいほうどうだいじっきょう》のこと。六十巻。大乗《だいじょう》の諸経を集めて一部の経としたもの。国王が仏法を守護しないなら三災《さんさい》が起こると説《と》く。また、釈尊滅後《しゃくそんめつご》に正法が衰退《すいたい》していく様相を五百年ごとに五つに区分する「五五百歳《ごごひゃくさい》」を説き、これが日蓮大聖人の御在世《ございせ》当時の日本において、釈尊滅後二千年以降を末法《まっぽう》とする根《こん》拠《きょ》とされた。

〈注6〉【声聞《しょうもん》】サンスクリットのシュラーヴァカの訳で、〝声を聞く者〟の意。仏の教えを聞いて覚《さと》りを開く出家《しゅっけ》の弟子をいう。声聞と縁覚《えんがく》を合わせて二乗《にじょう》という。

〈注7〉【縁覚《えんがく》】サンスクリットではプラティエーカブッダといい、辟支仏《ひゃくしぶつ》と音写する。独《どっ》覚《かく》とも訳す。声聞《しょうもん》の教団に属することなく修行し、涅槃《ねはん》の境地《きょうち》を得る者のこと。

〈注8〉【四恩《しおん》】四種の恩。心地観経《しんじかんぎょう》では、父母の恩、一切衆生の恩、国王の恩、三宝《さんぽう》（仏《ぶっ》法僧《ぽうそう》）の恩を挙《あ》げる。

〈注9〉【二百五十の出家《しゅっけ》教団の規則】御書本文は「二百五十戒《にひゃくごじっかい》」（一九二一ページ）。教団で定めた比丘《びく》（男性出家者）が守るべき二百五十条《じょう》にわたる規則。

〈注10〉【三千とも言われるほど多くの作法《さほう》】御書本文は「三千の威儀《いぎ》」（一九二二ページ）。律《りつ》に規定された細かい作法のこと。「三千」は単に数が多いことを示し、中国古典である『礼《らい》記《き》』の「礼儀三百、威儀三千」にもとづく表現。

〈注11〉【味禅《みぜん》・浄禅《じょうぜん》・無漏禅《むろぜん》という三種の禅定《ぜんじょう》】御書本文は「味・浄・無漏の三静慮《さんじょうりょ》」（一九二二ページ）。ここでは『倶舎論《くしゃろん》』に説かれる三等至《さんとうし》（味等至《みとうし》・浄等至《じょうとうし》・無漏等至《むろとうし》）をいう。①味等至（根本味禅《こんぽんみぜん》）は、貪愛《とんあい》と相応《そうおう》して起こる禅定。②浄等至（根本浄禅《こんぽんじょうぜん》）は、煩悩《ぼんのう》による心の汚《けが》れがまだある中での善心《ぜんしん》と相応して起こる禅定。③無漏等至（出世間禅《しゅっせけんぜん》）は、煩悩による心の汚れがない智《ち》を得るための禅定のこと。

〈注12〉【三界《さんがい》】第3段〈注14〉「色界《しきかい》・無色界《むしきかい》」を参照。

〈注13〉【利他《りた》の行《ぎょう》】他を利すること。衆生《しゅじょう》の救済《きゅうさい》のために尽《つ》くすこと。利他は自利《じり》に対する語で、化他《けた》と同じ。大乗《だいじょう》仏教では菩薩《ぼさつ》に利他の精神を強調した。

〈注14〉【維摩経《ゆいまきょう》】浄名経《じょうみょうきょう》とも訳される。漢訳には、中国・呉《ご》の支謙《しけん》が訳した維摩詰経《ゆいまきつきょう》三巻や鳩摩羅什訳《くまらじゅうやく》の維摩詰所説経《ゆいまきつしょせつきょう》三巻などがある。天台《てんだい》教学における五時のうち方等時《ほうどうじ》に属し、大乗《だいじょう》仏教の「空《くう》」の思想を覚《さと》らせる精神が貫《つらぬ》かれる。大乗を持《たも》つ在家《ざいけ》の仏弟子であり大富豪でもある維摩詰が、声聞《しょうもん》の小乗観《しょうじょうかん》を論破《ろんぱ》するさまが、文学性豊かに描かれている。

〈注15〉【維摩詰《ゆいまきつ》】維摩経で活躍する在家の有力信仰者である菩薩《ぼさつ》。サンスクリット名はヴィマラキールティで浄名《じょうみょう》、無垢称《むくしょう》と漢訳される。

〈注16〉【文殊師利菩薩《もんじゅしりぼさつ》】文殊師利は、サンスクリットのマンジュシュリーの音写。直訳すると、「うるわしい輝きをもつ者」。仏の智慧《ちえ》を象徴《しょうちょう》する菩薩で、仏像などでは獅子《しし》に乗った姿で釈尊《しゃくそん》の向かって左に配される。法華経では、弥勒菩薩《みろくぼさつ》・薬王菩薩《やくおうぼさつ》とともに、菩薩の代表として登場する。

〈注17〉【仏種《ぶっしゅ》】仏の種姓《しゅしょう》、仏となる家系の者のこと。釈尊《しゃくそん》の仏教教団では、仏の弟子となったものは、仏の子と位置づけられる。大乗《だいじょう》では、仏と成《な》ることを目指す菩薩《ぼさつ》をいい、法華経では法華経を信じ実践する者は真の仏子《ぶっし》であると説《と》かれる。

また、成仏《じょうぶつ》の因《いん》である仏因《ぶついん》を植物の種に譬《たと》えて、仏種《ぶっしゅ》と呼ぶ。衆生《しゅじょう》の生命にそなわる仏性は、成仏の主な因であるので仏種とされる。さらに、衆生の仏性を開発する仏の教法も成仏の補助的《ほじょてき》な因であるので、仏種とされる。法華経では、すべての衆生を成仏させる根本法は法華経であると説《と》く。それ故、法華経が唯一にして真実の仏種とされる。

〈注18〉【五逆罪《ごぎゃくざい》】五逆罪は、五種の最も重い罪で、業因《ごういん》となって必ず無間地獄《むけんじごく》の苦果《くか》を受ける。父を殺《ころ》す、母を殺す、阿羅漢《あらかん》を殺す、仏身を傷つけ血を出だす、教団を分裂させるの五つ。

〈注19〉【無間地獄《むけんじごく》】最も重い罪を犯した者が生まれる最悪の地獄。苦しみが間断《かんだん》なく襲《おそ》ってくるので、無間地獄という。

〈注20〉【青蓮華《しょうれんげ》】青色の蓮華。インド原産のスイレン科の多年草で、土泥《どでい》の中に生息する。

〈注21〉【方等陀羅尼経《ほうどうだらにきょう》】大方等陀羅尼経のこと。中国・北涼《ほくりょう》の法衆《ほうしゅ》の訳。四巻。天台大師《てんだいだいし》の五時のうち方等時《ほうどうじ》に属する。摩訶袒持陀羅尼《まかたんじだらに》という呪文《じゅもん》の因縁《いんねん》や功徳《くどく》、修行法などを説《と》く。密教経典《みっきょうきょうてん》としては最古の部類に属する。

〈注22〉【大品般若経《だいぼんはんにゃきょう》】般若経《はんにゃじ》の漢訳の一つで、中国・後秦《こうしん》の鳩摩羅什訳《くまらじゅうやく》。二十七巻。天台《てんだい》教学における五時のうち般若時の代表的な経典。

般若経は「般若波羅蜜《はんにゃはらみつ》（智慧《ちえ》の完成）」を題名とする長短さまざまな経典の総称。漢訳には、大品般若経《だいぼんはんにゃきょう》のほか、同じく羅什訳《らじゅうやく》の小品般若経《しょうぼんはんにゃきょう》十巻、唐《とう》の玄奘訳《げんじょうやく》の大般若経六百巻など多数ある。般若波羅蜜を中心とする菩薩《ぼさつ》の修行を説《と》き、あらゆるものを常住不変《じょうじゅうふへん》の実体はないとする「空《くう》」の思想を明かしている。天台《てんだい》教学では、方等部《ほうどうぶ》の経典の後に説《と》いたとされ、二乗《にじょう》を排除《はいじょ》し菩薩だけを対象とした教え（別教《べっきょう》）とされる。

〈注23〉【成仏《じょうぶつ》を求《もと》める心（三菩提心《さんぼだいしん》）】阿耨多羅三藐三菩提心《あのくたらさんみゃくさんぼだいしん》のこと。単に菩提心ともいう。仏の覚《さと》りを求める心。「三菩提」はサンスクリットのサンボーディの音写で、正覚《しょうがく》・正《しょう》等覚《とうがく》などと訳す。

〈注24〉【首楞厳経《しゅりょうごんきょう》】首楞厳三昧経のこと。鳩摩羅什訳《くまらじゅうやく》。二巻。専《もっぱ》ら首楞厳三昧の力用《りきゆう》を説《と》き、この三昧で得られた神力《じんりき》を示したり功徳《くどく》を明かしている。

〈注25〉【首楞厳三昧《しゅりょうごんざんまい》】「首楞厳」はサンスクリットのシューランガマの音写で、〝英雄のごとく行くこと〟の意。「三昧《さんまい》」はサンスクリットのサマーディの音写で定《じょう》・等持《とうじ》・等至《とうじ》などと訳し、心を一処《いっしょ》に定めて動じないことをいう。

〈注26〉【竜神《りゅうじん》】インドの想像上の生き物ナーガのこと。コブラなどの蛇《へび》を神格化したもので、水の中に住み、雨を降らす力《ちから》があるとされる。しかし、中国や日本ではしばしば、中国本来の「竜」と混同された。

〈注27〉【阿修羅《あしゅら》】古代インドの鬼神《きじん》の一種。古くは善神《ぜんじん》だったが帝釈天《たいしゃくてん》らに敵対する悪神とされるようになった。後に、仏教で守護神《しゅごしん》に組み込まれた。

第13段　多宝仏《たほうぶつ》・分身《ふんじん》の諸仏の保証《ほしょう》

（御書一九三ジ〳〵十六行目〜一九五ジ〳〵六行目）

信じ難い教えに皆が疑問をもつ

ところが最後の八年の法華経で、突然、以前の発言を取り消して、「二乗《にじょう》は成仏《じょうぶつ》できる」と釈尊《しゃくそん》が説《と》こうとされても、説法の場に集った人々や神々は信じられるだろうか。法華経が信用できないだけでなく、前後の経典に対しても疑問を起こし、五十年余《あま》り説いた教えがすべて偽《いつわ》りの言葉となってしまうだろう。

それ故《ゆえ》、「『四十年余《あま》りの間には、まだ真実を明らかにしていない（四十余《しじゅうよ》

(194)

年《ねん》・未《み》顕《けん》真実《しんじつ》」』という経文はこのことのためにあったのか」「天魔《てんま》〈注1〉が仏の姿で現《あらわ》れて最後の八年の法華経を説《と》いているのか」と人々が疑問に思っていたところ、真実味いっぱいに、劫《こう》・国《こく》・名号《みょうごう》といって、二乗《にじょう》の一人一人が仏と成《な》る国土を定《さだ》め、その仏が出現《しゅつげん》する時代を予言し、教化《きょうけ》を受ける弟子などを定められたので、教えを説いてきた釈尊《しゃくそん》のお言葉は、完全に前に言ったことと相違《そうい》するものとなってしまった。

自語相違《じごそうい》というのは、このことである。インドの仏教以外の諸思想の者たちが、釈尊《しゃくそん》をあざわらったのも、このことである。

〝法華経は真実〟と三種《さんしゅ》の仏が保証《ほしょう》

その場にいた人々や神々など大勢の聴衆《ちょうしゅう》ががっかりしていたところ、その時、東方の宝浄《ほうじょう》世界の多宝如来《たほうにょらい》が、高さ五百由旬《ゆじゅん》、幅《はば》二百五十由旬の、七宝《しっぽう》で飾られた巨大な塔《とう》に乗って出現された。教えを説《と》いてきた釈尊《しゃくそん》がその場の人々らから自語相違《じごそうい》を責《せ》められて、あれこれとさまざまに説明したけれども、人々らの疑問は一向に晴れそうに見えず、もてあましていらっしゃったときに、釈《しゃく》尊《そん》の前に宝塔《ほうとう》が大地から現《あらわ》れ出て大空にのぼったのである。同様の例を挙《あ》げれば、闇夜《やみよ》に満月《まんげつ》が東の山から出たようなものである。

七宝《しっぽう》の塔《とう》は空に浮かんで、大地にもつかず、天の果てまで行くこともなく、空中に浮かんで、その宝塔《ほうとう》の中から多宝如来《たほうにょらい》が美しい声を出し、法華経が真実であることを保証《ほしょう》した。

すなわち、「その時に宝塔《ほうとう》の中からよく通る声がして、以下のように褒《ほ》めたたえた。『すばらしい。すばらしい。釈尊《しゃくそん》よ、偏《かたよ》りのない智慧《ちえ》の教えであり、菩薩《ぼさつ》を教化《きょうけ》する教えであり、仏が心に持《たも》っている教えである法華経を、（あなたは）人々のために説《と》く。このとおりである。このとおりである。釈尊が説くことはすべて真実である』」（宝塔品《ほうとうほん》）とあるとおりである。

また「その時に釈尊《しゃくそん》は、文殊師利菩薩《もんじゅしりぼさつ》ら、古くからこの数えきれないほど多くの菩薩たち、(中略)人間や人間以外のものといったすべての衆生《しゅじょう》の前で、大きな神力《じんりき》〈注2〉を発揮《はっき》された。幅広く長い舌《した》を出して、上方《じょうほう》の梵天《ぼんてん》〈注3〉にまで届かせ、また、すべての毛穴《けあな》から光を放った。(中略)十方《じっぽう》の世界から来た、多くの宝樹《ほうじゅ》のもとにある師子《しし》の座《ざ》〈注4〉それぞれに座っている仏たちも、これと同じように幅広く長い舌を出し、無量《むりょう》の光を放たれた」(神力品《じんりきほん》)とある。

また「釈尊《しゃくそん》は、十方《じっぽう》の世界から来られた分身《ふんじん》の仏たちをそれぞれの本来の国土に帰るように促《うなが》し、(中略)『多宝仏《たほうぶつ》の塔《とう》も元にお戻りください』と言われた」(嘱累品《ぞくるいほん》)とある。

法華経に劣《おと》る大乗《だいじょう》諸経の保証《ほしょう》

釈尊《しゃくそん》が今世《こんぜ》で初めて成仏《じょうぶつ》されたときには、仏たちが十方《じっぽう》に現《あらわ》れて釈尊をねぎらった上、大菩薩《だいぼさつ》たちを遣《つか》わされた。般若経《はんにゃきょう》の時には、釈尊は長い舌《した》でこの宇宙を覆《おお》い、千の仏が十方に出現された。金光明経《こんこうみょうきょう》では、四方の四仏《しぶつ》が出現した。阿弥陀経《あみだきょう》〈注5〉では、六方の仏たちが舌でこの宇宙を覆った。大集経《だいじっきょう》では、十方の仏・菩薩たちが、宝石《ほうせき》で飾られた広大な場所に集まった。

これらを法華経と対照《たいしょう》して検討すると、まったく違うことが分かる。しかし、黄色い石（方解石《ほうかいせき》）〈注6〉と黄金《おうごん》、白い雲と白い山、白い氷《こおり》と銀製の鏡《かがみ》、黒色と青色のように紛《まぎ》らわしいものの場合、かすみ目の者、片目《かため》が見えない者、片目がない者、正しく見られない者は、見間違えるにちがいない。

法華経だけに分身《ふんじん》の諸仏が集まって来た

華厳経《けごんぎょう》には、まだそれ自体しか説《と》かれていず前後の経がないので、仏の言葉の中に相違はなかった。大きな疑《うたが》いを引き起こすような事柄があるはずがない。

大集経《だいじっきょう》・大品般若経《だいぼんはんにゃきょう》・金光明経《こんこうみょうきょう》・阿弥陀経《あみだきょう》などは、小乗経《しょうじょうきょう》の二乗《にじょう》を責《せ》め立てるために、十方《じっぽう》に浄土《じょうど》があると説《と》いて、凡夫《ぼんぷ》や菩薩《ぼさつ》に浄土に生まれることを熱望させ、心身ともに消滅《しょうめつ》するので浄土に生まれることのできない二乗を悩ませた。

大乗《だいじょう》の諸経は小乗経《しょうじょうきょう》と少し相違があるので次のようなことが説《と》かれている。すなわち、十方《じっぽう》に仏が現《あらわ》れたり、仏が十方から大菩薩《だいぼさつ》を遣《つか》わしたり、娑婆《しゃば》世界だけでなく十方の世界においても仏がその経を説くということを示したり、十方から仏たちが集まったり、釈尊《しゃくそん》が舌《した》でこの宇宙を覆《おお》ったり、仏たちが舌を出したりといったことである。こうしたことは、すべて、小乗経で「十方の世界すべてにおいてただ釈尊一仏しかいない」と説かれた考え方を破《やぶ》るものだろう。

しかし、法華経のように、前後の大乗《だいじょう》の諸経と相違《そうい》が出てきて、舎利弗《しゃりほつ》ら声《しょう》聞《もん》たち、さらには大菩薩《だいぼさつ》や人々や神々などに「魔が仏の姿を現《あらわ》して、二乗《にじょう》が成仏できると説《と》いているのではないか」（譬喩品《ひゆほん》）と思われるほどの重大なことではなかった。

ところが、華厳《けごん》・法相《ほっそう》・三論《さんろん》・真言《しんごん》・念仏《ねんぶつ》〈注7〉などの諸宗に属するかすみ目で見る者どもが、自分たちがよりどころとする諸経と法華経は同じだと思っているのは、鈍感《どんかん》な目と言えるだろう。

◇注　解◇

〈注1〉【天魔《てんま》】天子魔《てんしま》のこと。四魔の一つ。第六天《だいろくてん》の魔王《まおう》と魔民《まみん》が、父母・妻子・権力者《けんりょくしゃ》などのあらゆる姿をもって仏道修行を妨《さまた》げようとする働きをいう。

〈注2〉【神力《じんりき》】神通力《じんずうりき》のこと。超人的な力《ちから》・はたらきをいい、仏・菩薩《ぼさつ》の有する不可思議《ふかしぎ》な力用《りきゆう》をさす。ここでは法華経如来神力品《にょらいじんりきほん》第二十一に説《と》かれる十種の神通力のことで、釈尊《しゃくそん》は結要付嘱《けっちょうふぞく》にあたってこの神力を現《あらわ》した。

①吐舌相《とぜつそう》。梵天《ぼんてん》まで届く長い舌《した》を出すことで、仏の不妄語《ふもうご》を表す。

②通身放光《つうしんほうこう》。全身の毛孔《けあな》から光を発し、あまねく十方《じっぽう》の世界を照らすこと。仏の智慧《ちえ》があまねく一切に行きわたることを表す。

③謦欬《きょうがい》。法を説《と》く時にせきばらいをすることで、真実をことごとく開示《かいじ》してとどこおるところがないことを表す。

④弾指《だんし》。指をならすことで、随喜《ずいき》を表す。

⑤地六種動《じろくしゅどう》。地が六種に震動《しんどう》すること。初心《しょしん》から後心《ごしん》に至《いた》り、六段階で無明《むみょう》を打ち破ることを表す。また一切の人の六根《ろっこん》を揺り動かして清浄《せいじょう》にすることを明かす。

⑥普見大会《ふけんだいえ》。十方《じっぽう》の世界の衆生《しゅじょう》が霊山会《りょうぜんえ》をみて歓喜《かんき》すること。諸仏の道が同じであることを表す。

⑦空中唱声《くうちゅうしょうしょう》。諸天が虚空《こくう》において十方《じっぽう》の世界の大衆《だいしゅ》に向かって、釈尊《しゃくそん》の法華経の説法に心から随喜《ずいき》し供養《くよう》せよと高声を発したこと。未来にこの教法が流通《るずう》されることを表す。

⑧咸皆帰命《げんかいきみょう》。空中唱声《くうちゅうしょうしょう》を聞いて衆生《しゅじょう》がことごとく仏に帰依《きえ》すること。未来にこの教法を受持する人々で国土が充満することを表す。

⑨遙散諸物《ようさんしょもつ》。十方《じっぽう》から仏に供養《くよう》する諸物が、雲のように諸仏の上をおおうこと。未来にこの教法に基づいて実践する行法《ぎょうぼう》のみになることを表す。

⑩十方通同《じっぽうつうどう》。十方の世界がことごとく一仏土であるということ。未来に修行によって一切衆生《しゅじょう》の仏知見《ぶっちけん》が開示《かいじ》され、究竟《くきょう》の真理が国土に行きわたることを表す。

〈注3〉【梵天《ぼんてん》】大梵天王《だいぼんてんのう》がいる場所で、四層からなる色界《しきかい》の最下層である初禅天《しょぜんてん》のこと。欲界《よっかい》の頂上である他化自在天《たけじざいてん》のすぐ上の場所。「幅広く長い舌《した》を出して、上方の梵天にまで届かせ」というのは、欲界すべてを越えるほどの長さということであり、決してうそをつかないことを象徴《しょうちょう》している。

梵天《ぼんてん》（ブラフマー）は、古代インドの世界観において、世界を創造し宇宙を支配するとされる中心的な神で、種々の梵天がいるが、その中の王たちを大梵天王という。仏法を守護する諸天善神《しょてんぜんじん》とされる。

〈注4〉【師《し》子《し》の座《ざ》】仏の座席のこと。仏を師子王にたとえて、その座を師子座という。どのような場所であっても、仏の座す所は師子座となる。

〈注5〉【阿弥陀経《あみだきょう》】鳩摩羅什訳《くまらじゅうやく》。一巻。阿弥陀仏がいる極楽世界《ごくらくせかい》の様子を述べ、阿弥陀仏を一心に念ずることで極楽世界に生まれることができると説《と》く。日本浄土宗《じょうどしゅう》の開祖・法然《ほうねん》は、無量寿経《むりょうじゅきょう》・観無量寿経《かんむりょうじゅきょう》と合わせて浄土三部経《じょうどさんぶきょう》とした。

〈注6〉【黄色い石（方解石《ほうかいせき》）】御書本文は「黄石《おうしゃく》」（一九四㌻）。「黄石」は〝黄色い石〟の意で、特に方解石を指す。方解石は含有成分《がんゆうせいぶん》によって淡黄色《たんおうしょく》をはじめ多彩な色がついたものがある。

〈注7〉【華厳《けごん》・法相《ほっそう》・三論《さんろん》・真言《しんごん》・念仏《ねんぶつ》】華厳宗は、華厳経に基づく学派。唐《とう》の初めに杜《と》順《じゅん》が一宗を開いたとされ、弟子の智儼《ちごん》が継承し、法蔵《ほうぞう》が大成《たいせい》した。日本では七四〇年、審《しん》祥《じょう》が初めて華厳経を講じ、日本華厳宗の始祖《しそ》とされる。第二祖の良弁《ろうべん》は聖武天皇《しょうむてんのう》の帰依《きえ》を得て、東大寺《とうだいじ》を建立《こんりゅう》し別当《べっとう》になった。華厳の思想は時代や地域によって変容してきたが、鎌倉《かまくら》時代に華厳教学を体系化した凝然《ぎょうねん》（一二四〇年～一三二一年）は、五教十宗《ごきょうじっしゅう》の教判によって華厳宗の教えを最高位の円教《えんぎょう》とし、その特徴《とくちょう》を事事無礙法界《じじむげほっかい》（あらゆる事物・事象《じしょう》が互《たが》いに妨げることなく交流しあっているという世界観）とした。

法相宗《ほっそうしゅう》は、玄奘《げんじょう》が唐《とう》に伝えた唯識思想《ゆいしきしそう》に基づき、その弟子の慈恩《じおん》（基《き》）が確立した学派。法相とは、諸法（あらゆる事物・事象《じしょう》）がそなえる真実の相のことで、この法相のあり方を明かすので法相宗という。また、あらゆる事物・事象（万法《ばんぽう》）は心の本体である識が変化して仮《かり》に現《あらわ》れたもので、ただ識《しき》のみがあるとする唯識思想《ゆいしきしそう》を主張するので唯識宗《ゆいしきしゅう》ともいう。日本には、四次にわたって伝来《でんらい》したが、道昭《どうしょう》が六五三年に唐《とう》に渡《わた》り、玄奘《げんじょう》から学び、帰朝して元興寺《がんごうじ》を拠点に弘通したのが初伝とされる。

三論宗《さんろんしゅう》は、竜樹《りゅうじゅ》の『中論《ちゅうろん》』『十二門論《じゅうにもんろん》』と提婆《だいば》（アーリヤデーヴァ）の『百論《ひゃくろん》』の三つの論に基づく学派。鳩摩羅什《くまらじゅう》が三論を訳して、門下の僧肇《そうじょう》が研究し、隋《ずい》に吉蔵《きちぞう》が大成《たいせい》した。日本には六二五年、吉蔵の弟子で高句麗《こうくり》僧の慧灌《えかん》が伝え、奈良《なら》時代に興隆《こうりゅう》する。平安時代に聖宝《しょうぼう》が東大寺《とうだいじ》に東南院《とうなんいん》を建立《こんりゅう》して本拠とした。般若経《はんにゃきょう》の一切皆空無所得《いっさいかいくうむしょとく》（あらゆるものに実体はなく、また実体として得《え》られるものはない）の思想に基づき、八不中道《はっぷちゅうどう》（八種の否定を通じて明らかになる中道）を観《かん》ずることで、一切の偏見《へんけん》を排《はい》して真理を顕《あらわ》すとする。

真言宗《しんごんしゅう》は、密教経典《みっきょうきょうてん》に基づく日本仏教の宗派。手に印相《いんぞう》を結び、口に真言（呪文《じゅもん》）を唱え、心に曼荼羅《まんだら》を観想《かんそう》するという三密《さんみつ》の修行《しゅぎょう》によって成仏《じょうぶつ》を目指す。善無畏《ぜんむい》・金剛智《こんごうち》・不《ふ》空《くう》らがインドから唐《とう》にもたらした大日経《だいにちきょう》・金剛頂経《こんごうちょうきょう》などを根本とする。日本には空海《くうかい》が唐《とう》から伝え、一宗派として開創した。なお、日本の密教には空海の東寺流《とうじりゅう》（東密《とうみつ》）のほか、比叡山《ひえいざん》の円仁《えんにん》・円珍《えんちん》らによる天台真言（台密《たいみつ》）がある。

念仏宗《ねんぶつしゅう》は浄土宗《じょうどしゅう》のことで、阿弥陀仏《あみだぶつ》の本願《ほんがん》を信じ、阿弥陀仏の浄土《じょうど》である安養世界《あんようせかい》（極《ごく》楽《らく》）への往生《おうじょう》を期す宗派。浄土信仰は、中国・東晋《とうしん》に廬山《ろざん》の慧遠《えおん》を中心として、念仏結社である白蓮社《びゃくれんしゃ》が創設されたのが始まりとされる。後に、浄土五祖とされる中国の南北朝《なんぼくちょう》時代の曇鸞《どんらん》が浄土教を広め、唐《とう》の道綽《どうしゃく》・善導《ぜんどう》によってその教義が整えられた。日本では、平《へい》安《あん》時代末期に法然《ほうねん》が専修念仏《せんじゅねんぶつ》を創唱《そうしょう》した。

第14段　滅後《めつご》の難信《なんしん》

（御書一九五ページ七行目〜一九六ページ一行目）

滅後《めつご》における難信《なんしん》の様子を明《あ》かす

それでも、釈尊《しゃくそん》の存命中は、四十年余りにわたって説《と》かれた諸経を捨てて法華経に従う者もいたかもしれない。しかし、釈尊が亡《な》くなった後に法華経の経文を見て、信じることは難《むずか》しいにちがいない。

その理由として、まず一つには、爾前《にぜん》（法華経以前）の諸経は多くの言葉を費《つい》やしており、それに比べれば法華経は一言である。爾前の諸経は経典の数が多く、それに対して法華経は一つの経である。爾前の諸経は長年にわたり、法華経は八年である。自語相違《じごそうい》の釈尊《しゃくそん》は、大うそつきであり、まったく信じることができない。この不信の上にあえて信を立てるとすれば、爾前の諸経ならまだ信じることもあるかもしれないが、法華経はまったく信じることができない。

権教《ごんきょう》と実教《じっきょう》の峻別《しゅんべつ》を拒《こば》む人々

今の時代も、表向きは法華経を誰もが信じているようであるが、彼が信じている内実は法華経ではないのである。その理由は、法華経と大日経《だいにちきょう》、法華経と華厳経《けごんぎょう》、法華経と阿弥陀経《あみだきょう》といった二つの経が同じものであると説《と》く人には喜んで帰依《きえ》し、別々であるなどと言う人を信用しないからである。また、たとえ信用したとしても、しかたなく残念なことだと思っている。

経に説《と》かれる滅後《めつご》の弘通《ぐつう》の困難さ

私が「日本に仏法が渡ってから現在まで七百年余《あま》りが経ったが、ただ伝教大《でんぎょうだい》師《し》一人だけが法華経を読んだ」と言っても、人々はこれを信用しない。しかし、法華経には「もし須弥山《しゅみせん》〈注1〉に手をのばして、他の無数の仏国土の向こうに投げ置いたとしても、これもまだ難《むずか》しいことではない。（中略）もし仏の亡《な》くなった後、悪い時代にこの法華経を説《と》くことは、それこそ難しいことである」（宝塔品《ほうとうほん》）とある。私が強《し》いて主張していること〈注2〉は、経文とは一致している。

法華経の流通分《るずうぶん》〈注3〉である涅槃経《ねはんぎょう》に「末法《まっぽう》の濁《にご》った時代には、正法を誹謗《ひぼう》する者は十方《じっぽう》の世界の大地の土のように多く、正法を信じる者は爪《つめ》の上の土のようにわずかである」と説《と》かれているのを、どう考えればよいのか。日本の人々は爪《つめ》の上の土なのか。私は十方の世界の土なのか。じっくりと思索《しさく》するとよい。

賢明な王の時代には道理が勝つものである。一方、愚《おろ》かな王の時代には非道《ひどう》が優先されるものである。聖人《しょうにん》の時代に法華経の真実が明らかになるものである。これらのように理解するのがよい。

（196）

二乗作仏《にじょうさぶつ》の難信《なんしん》の結末

この二乗《にじょう》の成仏《じょうぶつ》についての教えは、法華経迹門《しゃくもん》と法華経以前の諸経（爾前経《にぜんきょう》）とを比べると、成仏できないとする爾前経のほうが優勢であるように思われる。もし爾前経が優勢になるなら、舎利弗《しゃりほつ》ら二乗たちは永久に成仏できない者となるだろう。どれほどお嘆きになることだろう。

◇注　解◇

〈注1〉**【須弥山《しゅみせん》】** 古代インドの宇宙観で、一つの世界の中心にあると考えられている巨大な山。須弥山の麓《ふもと》の海の東西南北に四つの大陸があって、一つの世界を構成する。

〈注2〉**【強《し》いて主張していること】** 御書本文は「強義《ごうぎ》」（一九五ジベー）。「傍目《はため》から見ると少々無理なことを力づくで主張すること」を意味する「嗷儀《ごうぎ》」「嗷議《ごうぎ》」を音が似通う文字で表記したものか。「あらぎ」（荒儀）と同様で「荒々しいしかた」「粗暴《そぼう》な振る舞い」との意味か。

〈注3〉**【流通分《るずうぶん》】** 経典の教えを解釈する際に内容を三段階に区分した序分《じょぶん》・正宗分《しょうしゅうぶん》・流通分のうちの一つ。序分は、正宗分にいたるまでの導入部分。正宗分は、教えの核心《かくしん》となる部分。流通分は、正宗分をどのように説《と》き広めていくかなどを示した部分にあたる。

第15段　本迹相対《ほんじゃくそうたい》（法華経の迹門《しゃくもん》と本門《ほんもん》の比較《ひかく》）

（御書一九六ジペー二行目～一九七ジペー九行目）

法華経本門だけが久遠実成《くおんじつじょう》を説《と》く

法華経が信じ難い理由として、第二に久遠実成《くおんじつじょう》について述べる。

教えを説《と》く釈尊《しゃくそん》は、住劫《じゅうこう》〈注1〉に入って九番目の減劫《げんこう》〈注1〉の時代で人間の寿命《じゅみょう》が百歳《さい》であった時に、誕生した。師子頬王《ししきょうおう》〈注2〉にとっては孫であり、浄飯王《じょうぼんのう》〈注3〉にとっては世継ぎの王子である。幼名を悉達太子《しったたいし》〈注4〉といい、仏になる前は一切義成就菩薩《いっさいぎじょうじゅぼさつ》（すべての目的を達成した菩薩）〈注5〉と呼ばれる。

十九歳で出家し、三十歳で覚《さと》りを開いた釈尊《しゃくそん》は、最初に、覚りを開いたその場所で、実報土《じっぽうど》〈注6〉における盧舎那仏《るしゃなぶつ》〈注7〉の説法の場を示し、十玄《じゅうげん》・六相《ろくそう》〈注8〉などの法門や、森羅万象《しんらばんしょう》が一体で互《たが》いに妨《さまた》げがない〔法界円融《ほっかいえんゆう》〕という真理、ただちに究極《きゅうきょく》の覚《さと》りを示すすばらしい教え〔頓極微妙《とんごくみみょう》の大法〕を説《と》かれた。その時には、十方《じっぽう》の世界の仏たちも現《あらわ》れ、あらゆる菩薩《ぼさつ》も湧《わ》き立つ雲のように集まった。

その国土といい、聴衆《ちょうしゅう》が大菩薩《だいぼさつ》で機根《きこん》（仏法を理解し信じ実践する能力）が優《すぐ》れていることといい、仏たちの出現《しゅつげん》といい、最初の説法であることといい、どういう理由で、偉大な教えを秘密にして説《と》かないでいられるだろうか。

そういうことで、華厳経《けごんぎょう》には「自在《じざい》の力《ちから》を現《あらわ》し、完全無欠の経を説いた」とある。

華厳経《けごんぎょう》一部六十巻は一字一画に至るまでが完全無欠の経なのである。譬《たと》えて言えば、如意宝珠《にょいほうしゅ》は、一つの珠も無数の珠《たま》もどちらも同じで、一つの珠でもあらゆる宝を雨のように降らし、万の珠もあらゆる宝を降らす。それと同じで、華厳経は一字も万字もただ同じく完全無欠の経にほかならないのである。この華厳経の「心と仏と衆生《しゅじょう》の三つには区別がない」という文〈注9〉は、華厳宗の肝心であるだけでなく、法相《ほっそう》・三論《さんろん》・真言《しんごん》・天台《てんだい》の各宗の肝要であると言われている。

これほど優れた華厳経《けごんぎょう》で何を隠す必要があるのだろうか。しかしながら、「二乗《にじょう》と一闡提《いっせんだい》の人は成仏《じょうぶつ》しない」と説《と》いたのは、立派な玉についた傷のように思える。その上、三カ所も「この世で初めて覚《さと》りを開いた（始成正覚《しじょうしょうがく》）」と明言し、「久遠《くおん》の昔に実は成仏していた（久遠実成《くおんじつじょう》）」という寿量品《じゅりょうほん》の教えを隠《かく》して説かれなかった。それは、まるで宝玉《ほうぎょく》が欠《か》けていたり、月に雲がかかっていたり、太陽が日食《にっしょく》で欠けたりしているようなものである。思いもかけないことである。

阿含時《あごんじ》・方等時《ほうどうじ》・般若時《はんにゃじ》の諸経や大日経《だいにちきょう》など〈注10〉は、仏が説《と》かれたものなので、すばらしいものではあるが、華厳経《けごんぎょう》と比較《ひかく》すれば取るに足らない。華厳経のような優《すぐ》れた経で秘密にしておいたことを、これらの劣《おと》った経々に説かれるはずがない。

したがって、さまざまな阿含経《あごんぎょう》〈注11〉には「初めて成仏《じょうぶつ》した」、大集経《だいじっきょう》には「釈尊《しゃくそん》が成仏してから十六年が経っていた」、浄名経《じょうみょうきょう》（維摩経《ゆいまきょう》）には「初め菩提樹《ぼだいじゅ》〈注12〉のもとに座り、力《ちから》を尽くして魔《ま》を降《くだ》した」、大日経《だいにちきょう》には「私は昔、覚りを開いた場に座っていた」、仁王般若経《にんのうはんにゃきょう》〈注13〉には「二十九年間、（般若波羅蜜《はんにゃはらみつ》についてさまざまな経を）説《と》いてきた」〈注14〉とある。

法華経の導入部《どうにゅうぶ》の無量義経《むりょうぎきょう》も始成正覚《しじょうしょうがく》

これらのことは当然のことで、わざわざ取り上げるまでもない。しかし、耳を疑《うたが》い目を疑うほど驚かされるのは、無量義経《むりょうぎきょう》〈注15〉に説《と》かれていることである。つまり、この経では、華厳経《けごんぎょう》の唯心法界《ゆいしんほっかい》〈注16〉や、大乗経典《だいじょうきょうてん》に説かれる海印三昧《かいいんざんまい》〈注17〉や、般若経《はんにゃきょう》の混同無二《こんどうむに》〈注18〉などの重要な法門を書き並べ、「まだ真実を顕《あらわ》していない（未顕真実《みけんしんじつ》）」とか「歴劫修行《りゃっこうしゅぎょう》〈注19〉を説いた」などと低く評価している。それほどの無量義経に、「私はかつて、そこにあった木のもとで六年の間座《すわ》って修行し、最高の正しい覚《さと》りを開いた」とあり、成仏《じょうぶつ》して初めに説かれた華厳経の始成正覚《しじょうしょうがく》の文と同じことが述べられている。奇妙なことだと感じたが、この経は、法華経への導入部《どうにゅうぶ》〔序分《じょぶん》〕に当たるので核心となる教え（正宗分《しょうしゅうぶん》）を言わないこともあるのだろう。

（197）

法華経迹門《しゃくもん》も始成正覚《しじょうしょうがく》

法華経の核心となる教えを説《と》いた部分で、略開三顕一《りゃくかいさんけんいち》・広開三顕一《こうかいさんけんいち》〈注20〉を説かれた時には、「ただ仏と仏だけが諸法《しょほう》の実相《じっそう》をすべて知っている〔唯仏《ゆいぶつ》与仏《よぶつ》・乃能究尽《ないのうくじん》・諸法実相《しょほうじっそう》〕」（方便品《ほうべんぽん》）、「仏は長い年月の後に〔世尊法久後《せそんほうくご》〕、真実の教えを説く」（方便品）〈注21〉、「まっすぐな心で方便《ほうべん》を捨《す》てて〔正直捨方《しょうじきしゃほう》便《べん》〕」、ただ無上の覚《さと》りを説く」（方便品）〈注22〉と述べ、多宝如来《たほうにょらい》は、開三顕一《かいさんけんいち》を説いた迹門の八品を指して「すべて真実である〔皆是真実《かいぜしんじつ》〕」（宝塔品《ほうとうほん》）と保証《ほしょう》されたのだから、何ひとつ隠《かく》すはずがない。

ところが、久遠《くおん》の過去からの仏の寿命《じゅみょう》を秘密にして、「私は、初め覚《さと》りを開いた場に座っていて、菩提樹《ぼだいじゅ》を見たり、立ち上がってその周《まわ》りを歩いたりした」（方便品《ほうべんぼん》）と説《と》かれている。これこそ、最大に不可解なことである。

寿量品《じゅりょうほん》で久遠実成《くおんじつじょう》を明《あ》かす

そうであるから、弥勒菩薩《みろくぼさつ》〈注23〉は、涌出品《ゆじゅっぽん》〈注24〉で、四十年余《あま》りの間には見たことがなく今初めて見る地涌《じゆ》の大菩薩《だいぼさつ》たちについて、釈尊《しゃくそん》が「彼らを教え導《みちび》いて、初めて成仏《じょうぶつ》を求める心を起こさせた」と説《と》かれたことに対し、疑問に思って次のように質問したのである。

「釈尊《しゃくそん》は世継ぎの王子であった時に、釈迦族《しゃかぞく》の王宮を出られました。そして、ガヤーの街《まち》からさほど遠くない場所で菩提樹《ぼだいじゅ》のもとに座り、最上の覚《さと》りを開かれました。その時から四十年余《あま》りが経過しただけです。釈尊、どうしてこのわずかの間に、これほど盛大に仏としての責務を果たされたのですか」と。

教えを説《と》く釈尊《しゃくそん》はこれらの疑いを晴らすために寿量品《じゅりょうほん》を説こうとして、まず爾前経《にぜんきょう》・法華経迹門《しゃくもん》で人々が聞いてきたことを取り上げて次のように言われた。

「神々・人々・阿修羅《あしゅら》など全世界の者たちは、誰もが、『今の釈尊《しゃくそん》は釈迦族《しゃかぞく》の王宮を出て、ガヤーの街《まち》からさほど遠くない場所で菩提樹《ぼだいじゅ》のもとに座り、最上の覚《さと》りを開かれた』と思っている」（寿量品《じゅりょうほん》）と。

そして、弥勒菩薩《みろくぼさつ》の疑問に直接的に答えて次のように言われた。

「ところが弟子たちよ、私が本当に成仏《じょうぶつ》してから、無量無辺百千万億那由他《むりょうむへんひゃくせんまんのくなゆた》劫《こう》という長い期間が経っているのである」（寿量品《じゅりょうほん》）と。

◇注　解◇

〈注1〉【住劫《じゅうこう》・減劫《げんこう》】住劫は、仏教の世界観でこの世界が生成《せいせい》し消滅する過程を四つの時期に区分した四劫《しこう》の一つ。四劫とは①成劫《じょうこう》（成立する期間）②住劫《じゅうこう》（存続する期間）③壊《え》劫《こう》（崩壊《ほうかい》する期間）④空劫《くうこう》（再び成立するまでの期間）。

住劫においては、人の寿命《じゅみょう》が減じていく時期と増していく時期が繰り返される。この寿命が減じていく時期を減劫という。

〈注2〉【師子頰王《ししきょうおう》】師子頰は、サンスクリットのシンハハヌの訳。古代インドの迦毘羅衛《かびらえ》国（カピラヴァストゥ）の王。浄飯王《じょうぼんのう》の父で、釈尊《しゃくそん》の祖父。

〈注3〉【浄飯王《じょうぼんのう》】釈尊《しゃくそん》の父。サンスクリットのシュッドーダナの訳。

〈注4〉【悉達太子《しったたいし》】釈尊《しゃくそん》の出家前の名。悉達は、サンスクリットのシッダールタの音写。釈迦族《しゃかぞく》の王子だったので、「太子」と称する。

〈注5〉【一切義成就菩薩《いっさいぎじょうじゅぼさつ》】一切義成就とは、サンスクリットのシッダールタの訳。

〈注6〉【実報土《じっぽうど》】詳しくは実報無障礙土《じっぽうむしょうげど》という。住む人の境地《きょうち》を反映して四種類の国土が立て分けられるが、そのうち、三界六道《さんがいろくどう》を離れた国土で、高位の菩薩《ぼさつ》が住むとされる。

〈注7〉**【盧舎那仏《るしゃなぶつ》】**華厳経《けごんぎょう》で、釈尊《しゃくそん》はじめ諸仏の本体として示された仏身。天台宗《てんだいしゅう》では報《ほう》身如来《しんにょらい》と位置づけられる。

〈注8〉**【十玄《じゅうげん》・六相《ろくそう》】**十玄とは、あらゆる事象《じしょう》が相互に密接に関連する相を十方面から説明したもの。六相とは、あらゆる事象を相違《そうい》と共通性の両面から述べたもので、あらゆる事象は六相をすべてそなえ、凡夫《ぼんぷ》にはこの六相が別々《べつべつ》に見えるが、聖人の眼には互いに円《えん》融《ゆう》して相即無礙《そうそくむげ》となっているとする。

〈注9〉**【「心と仏と衆生《しゅじょう》の三つには区別がない」という文】**御書本文は「心仏及衆生《しんぶつぎゅうしゅじょう》」（一九六ページ）。華厳経《けごんぎょう》（六十華厳）巻十の「心仏及衆生　是三無差別」という文を省略して述べられたもの。心も仏も衆生も、五蘊《ごうん》（色《しき》・受《じゅ》・想《そう》・行《ぎょう》・識《しき》。心身を構成する五つの要素）によって世界を作り出している点で相違はないという趣旨《しゅし》。

〈注10〉**【阿含時《あごんじ》・方等時《ほうどうじ》・般若時《はんにゃじ》の諸経や大日経《だいにちきょう》など】**天台大師《てんだいだいし》智顗《ちぎ》が中国に伝来《でんらい》していた諸経典を原則的にすべて釈尊《しゃくそん》が説《と》いたものと見なして、記述内容に応じて大きく五つに分類し、釈尊の教化上の意味を推定してそれらを位置づけた。この天台大師の分類を整理したのが五時教判《ごじきょうはん》である。五時教判では、諸経典を、華厳《けごん》・阿含《あごん》・方等《ほうどう》・般若《はんにゃ》・法華《ほっけ》涅槃《ねはん》の五時に分類した。ここでは、大日経《だいにちきょう》はその分類以降に漢訳されたので別に置かれているが、実大乗《じつだいじょう》の教えを説《と》くための方便である権大乗《ごんだいじょう》の教えと位置づけられる。

〈注11〉**【さまざまな阿含経《あごんぎょう》】**御書本文は「雑阿含経《ぞうあごんぎょう》」（一九六ページ）。現在に伝わる雑阿含経には該当する文《もん》がなく、御真筆と対照した古写本に「諸阿含経」とあり、阿含経と名のつく諸経典の立場を示されたものと思われる。

〈注12〉【菩提樹《ぼだいじゅ》】御書本文は「仏樹《ぶつじゅ》」（一九六ページ）。「仏樹」の「仏」はボーディの音写、「覚り」の意。

〈注13〉【仁王般若経《にんのうはんにゃきょう》】仁王般若波羅蜜経《にんのうはんにゃはらみつきょう》のこと。鳩摩羅什訳《くまらじゅうやく》。二巻。正法が滅して思想が乱れる時、悪業のために受ける七難《しちなん》を示し、この災難を逃れるためには般若を受持することであるとして菩薩《ぼさつ》の行法を説《と》いている。法華経・金光明経《こんこうみょうきょう》とともに護国三部経《ごこくさんぶきょう》とされる。

〈注14〉【「二十九年間、（般若波羅蜜《はんにゃはらみつ》について述べるさまざまな経を）説《と》いてきた」】仁王般若《にんのうはんにゃ》波羅蜜経《はらみつきょう》には「二十九年説摩訶般若波羅蜜、金剛般若波羅蜜、天王問般若波羅蜜、光讃般若波羅蜜」とある。また、妙楽大師湛然《みょうらくだいしたんねん》の『法華玄義釈籤《ほっけげんぎしゃくせん》』では「仁王云、如来成道二十九年先已為我説摩訶般若」とあり、「成道《じょうどう》してから二十九年」と理解している。

〈注15〉【無量義経《むりょうぎきょう》】中国・南北朝《なんぼくちょう》時代の斉《せい》の曇摩伽陀耶舎訳《どんまかだやしゃやく》。一巻。法華経序品第一には、釈尊《しゃくそん》は「無量義《むりょうぎ》」という名の経典を説《と》いた後、無量義処三昧《むりょうぎしょざんまい》に入ったという記述があり、その後、法華経の説法が始まる。中国では、この序品で言及される「無量義」という名の経典が「無量義経」とされ、法華経を説くための準備として直前に説かれた経典（開経《かいきょう》）と位置づけられた。

〈注16〉【唯心法界《ゆいしんほっかい》】全世界のあらゆる事象《じしょう》は心が造《つく》り出したものであり、心の外には別の事象は無いという教え。

〈注17〉【海印三昧《かいいんざんまい》】大海《たいかい》の風波《ふうは》が静かな時に、あらゆる事物の姿が海に映《うつ》るように、あらゆる衆生《しゅじょう》の心のはたらきを自身の心にはっきり映し出して知ることができるという瞑想《めいそう》。

〈注18〉【混同無二《こんどうむに》】あらゆる事象《じしょう》は縁起《えんぎ》によって存在しているのであって、事象そのものには不変的・固定的な実体はなく、互《たが》いに関係して分かちがたいこと。

〈注19〉【歴劫修行《りゃっこうしゅぎょう》】無量義経説法品《むりょうぎきょうせっぽうほん》にある語で、成仏《じょうぶつ》までに極めて長い時間をかけて修行すること。「歴劫」とは劫（長遠な時間の単位）を経る意。無量義経では、爾前経《にぜんきょう》の修行は歴劫修行であり永久《えいきゅう》に成仏《じょうぶつ》できないと断じ、速疾頓成《そくしつとんじょう》（速やかに成仏すること）を明かしている。

〈注20〉【略開三顕一《りゃくかいさんけんいち》・広開三顕一《こうかいさんけんいち》】開三顕一とは、諸経典に明かされた声聞乗《しょうもんじょう》・縁覚乗《えんがくじょう》・菩薩乗《ぼさつじょう》の教えは人々を導《みちび》くための仮《かり》の教えで、法華経に説《と》かれる一仏乗《いちぶつじょう》へ至《いた》らせるためのものであることを明かした教え。法華経方便品《ほうべんぽん》前半で略説し、同品後半以降人記品《にんきほん》までの八品で広く詳しく説いたので、それぞれ略開三顕一、広開三顕一という。

〈注21〉【「仏は長い年月の後に〔世尊法久後《せそんほうくご》〕、真実の教えを説《と》く」】法華経方便品《ほうべんぽん》第二の文（法華経一一一㌻）。仏たちは長い間、方便の教えを説き、後に真実の教えを説くという、共通の説法の仕方をとること。

〈注22〉【「まっすぐな心で方便《ほうべん》を捨《す》てて〔正直捨方便《しょうじきしゃほうべん》〕、ただ無上《むじょう》の覚《さと》りを説《と》く」】法華経方便品第二の文（法華経一四四ページ）。釈尊《しゃくそん》が四十余年に説いてきた華厳《けごん》・阿含《あごん》・方等《ほうどう》・般若《はんにゃ》などの教えは方便の教え・権教《ごんきょう》であり、それらを捨て、実教《じっきょう》である法華経を説くこと。

〈注23〉【弥勒菩薩《みろくぼさつ》】弥勒はサンスクリットのマイトレーヤの音写で、慈愛《じあい》に満ちた者を意味する。釈尊《しゃくそん》が入滅《にゅうめつ》して五十六億七千万年後に仏として再びこの世界に登場するとされる。現在は菩薩の修行を重ね、一生補処《いっしょうふしょ》（次の生《せい》で仏となって、前の仏の処《ところ》を補《おぎな》う者）に達し、都率天《とそつてん》の内院《ないいん》に住むとされる。

〈注24〉【涌出品《ゆじゅっぽん》】法華経従地涌出品《じゅうじゆじゅっぽん》第十五のこと。釈尊滅後《しゃくそんめつご》の末法《まっぽう》に法華経の弘通《ぐつう》を担う地涌《じゆ》の菩薩《ぼさつ》が出現することを説《と》き、如来寿量品《にょらいじゅりょうほん》の直前にあって重要な役割を果たす品である。

法師品《ほっしほん》第十から釈尊《しゃくそん》が滅後《めつご》の法華経弘通《ぐつう》を勧《すす》めたことを受けて、迹化《しゃっけ》・他方《たほう》の菩薩《ぼさつ》は、その誓願《せいがん》を立てた。しかし釈尊は菩薩たちに対し、「止《や》みね。善男子よ。汝等《なんだち》が此《こ》の経を護《ご》持《じ》せんことを須《もち》いじ」（法華経四五一ページ）とこれを制止《せいし》した。

その時、上行《じょうぎょう》・無辺行《むへんぎょう》・浄行《じょうぎょう》・安立行《あんりゅうぎょう》の四菩薩《しぼさつ》をリーダーとする地涌《じゆ》の菩薩が大地から涌出《ゆじゅつ》する。その様を目の当たりにした弥勒菩薩《みろくぼさつ》は、いまだかつてこのような菩薩を見たことがないとして、地涌の菩薩の正体について釈尊《しゃくそん》に尋《たず》ねた。

これに対し釈尊《しゃくそん》は「爾《しか》して乃《すなわ》ち之《これ》を教化《きょうけ》して　初《はじ》めて道心《どうしん》を発《おこ》さしむ（中略）我《われ》は久遠《くおん》従《よ》り来《このかた》　是等《これら》の衆《しゅ》を教化《きょうけ》せり」（法華経四六七ページ）と答えたのである。

これを聞いて、会座《えざ》の聴衆《ちょうしゅう》は大きな疑問を起こし、弥勒菩薩《みろくぼさつ》が代表して釈尊《しゃくそん》に尋《たず》ねる。すなわち、始成正覚《しじょうしょうがく》の立場を確認した上で、成道《じょうどう》から四十余年しかならない釈尊が、どうしてこれだけ多くの菩薩を教化《きょうけ》することができたのか。しかもこの菩薩の一人一人が実に立派であり、釈尊がこれをわが弟子だと言うのは、譬《たと》えていえば、二十五歳の青年が百歳の老人を指してわが弟子であると言うほどの矛盾《むじゅん》がある。どうか未来のために疑《うたが》いを除《のぞ》いていただきたい、と。これを動執生疑《どうしゅうしょうぎ》という。

この疑いに、まさしく答えたのが、続く如来寿量品《にょらいじゅりょうほん》である。

以上の内容は、本抄の第29・30段（「開目抄《かいもくしょう》　下」、御書二一一ジペー以下）で詳細に述べられている。

第16段　爾前《にぜん》・迹門《しゃくもん》の二つの欠点

（御書一九七ページ十行目〜一九八ページ三行目）

行布《ぎょうふ》・始成《しじょう》という二つの欠点

華厳時《けごんじ》から般若時《はんにゃじ》までの諸経や大日経《だいにちきょう》などは、二乗作仏《にじょうさぶつ》を隠《かく》しただけでなく、久遠実成《くおんじつじょう》を隠して説《と》かなかった。

これらの経典には二つの欠点がある。

一つには、「下から上へと段階的に修行《しゅぎょう》して成仏《じょうぶつ》を目指すことを説《と》く〔行《ぎょう》布《ふ》〕部分があり、十界互具《じっかいごぐ》は示されないので、方便《ほうべん》として仮《かり》に説《と》かれた教えが完全に取り除かれているものではない」（『法華玄義釈籤《ほっけげんぎしゃくせん》』〈注1〉）と言われているように、迹門《しゃくもん》で明かされる一念三千《いちねんさんぜん》を隠している。

二つには、「釈尊《しゃくそん》自身が始成正覚《しじょうしょうがく》の仏であると説《と》いているので、仏はまだ仮《かり》の立場を取り去って本来の立場を現《あらわ》すことはない」(『法華玄義釈籤《ほっけげんぎしゃくせん》』)と言われるように、本門《ほんもん》で明かされる久遠実成《くおんじつじょう》を隠している。

これらの二つの大事な法門は、釈尊《しゃくそん》の生涯の教えの根幹であり、あらゆる経典の心髄《しんずい》である。

迹門方便品《しゃくもんほうべんぼん》で一念三千《いちねんさんぜん》・二乗作仏《にじょうさぶつ》を説《と》く

迹門《しゃくもん》の方便品《ほうべんぼん》では一念三千《いちねんさんぜん》・二乗作仏《にじょうさぶつ》を説《と》いて、爾前経《にぜんきょう》の二種の過失《かしつ》のうちの一つを免《まぬか》れている。

迹門《しゃくもん》の一念三千《いちねんさんぜん》は根なし草

そうではあるが、迹門《しゃくもん》ではまだ釈尊《しゃくそん》が衆生《しゅじょう》を教え導《みちび》くための方便《ほうべん》の立場を取り去って本来の立場を現《あらわ》し〔発迹顕本《ほっしゃくけんぽん》〕ていないから、真の一念三千《いちねんさんぜん》もあらわれず、二乗作仏《にじょうさぶつ》も確定《かくてい》しない。水に映《うつ》った月を見ているようなものであり、根なし草が波の上に浮かんでいるのに等しい。

久遠実成《くおんじつじょう》を明《あ》かして真の一念三千《いちねんさんぜん》に

本門《ほんもん》に至って、始成正覚《しじょうしょうがく》を否定したので、四教《しきょう》〈注2〉で説《と》かれた仏の境地《きょうち》が否定《ひてい》された。四教で説かれた仏の境地が否定されたので、四教で説かれた、仏に成《な》るための修行も否定された。爾前経《にぜんきょう》・迹門《しゃくもん》に説かれた十界《じっかい》の因果《いんが》を完全に否定して、本門の十界の因果を説きあらわしたのである。これが本因本果《ほんいんほんが》の法門にほかならない。九界《きゅうかい》も本《もと》から存在している仏界《ぶっかい》の中にあり、仏界も本から存在している九界の中にある〈注3〉ことが明かされたので、これこそ真の十界互具《じっかいごぐ》、百界千如《ひゃっかいせんにょ》、一念三千《いちねんさんぜん》と言えるだろう。

(198)

爾前《にぜん》の方便《ほうべん》の仏に執着《しゅうちゃく》する諸宗の誤《あやま》り

この立場から諸経を振り返ると、華厳経《けごんぎょう》で説《と》かれる華蔵世界《けぞうせかい》〈注4〉の蓮華の上に座っている盧舎那仏《るしゃなぶつ》と十方《じっぽう》の世界の仏たち、阿含経《あごんぎょう》の比較的小さな身の釈尊《しゃくそん》〈注5〉、あるいは方等時《ほうどうじ》・般若時《はんにゃじ》、金光明経《こんこうみょうきょう》・阿弥陀経《あみだきょう》・大日経《だいにちきょう》などで説かれる方便の仏などは、この寿量品《じゅりょうほん》の釈尊という天の月が、一時的にその姿を大小の器《うつわ》の水に浮かべただけなのである。

しかし、諸宗の学者らは、直接的には自宗の間違いに気づかず、根本的には法華経の寿量品《じゅりょうほん》を知らないために、水に映《うつ》った月を本物の月と思い、水の中に入って取ろうとしたり、縄《なわ》を付けてつなぎ止めようとするのである。

天台大師《てんだいだいし》は「天の月を知らずに、ただ池に映《うつ》った月だけを見ている」(『法華玄義《ほっけげんぎ》』〈注6〉)と言っている。

◇注　解◇

〈注1〉【『法華玄義釈籤《ほっけげんぎしゃくせん》』】妙楽大師湛然《みょうらくだいしたんねん》による『法華玄義』の注釈書。十巻または二十巻。

〈注2〉【四教《しきょう》】天台大師智顗《てんだいだいしちぎ》が諸経に説かれる教えを内容から四つに分類した「化法《けほう》の四教」のこと。蔵教《ぞうきょう》・通教《つうぎょう》・別教《べっきょう》・円教《えんぎょう》の四つ。①蔵教とは三蔵教《さんぞうきょう》で小乗《しょうじょう》の教え。②通教とは大乗《だいじょう》の初歩的な教えで三乗すべてに通用するもの。③別教とは菩薩《ぼさつ》のためだけの大乗《だいじょう》の高度な教え。④円教とは完全な最も優れた教え。法華経は、この四つのうち完全で誤《あやま》りのない教えである円教に分類されるが、これらの四つを超えた究極《きゅうきょく》の教えと位置づけられることもある。ここでは後者の立場。

〈注3〉【九界《きゅうかい》も本《もと》から存在している仏界《ぶっかい》の中にあり、仏界も本から存在している九界の中にある】法華経涌出品《ゆじゅっぽん》・寿量品《じゅりょうほん》では、釈尊《しゃくそん》が五百塵点劫《ごひゃくじんてんごう》という久遠《くおん》の昔に実は成仏《じょうぶつ》していたということ（久遠実成《くおんじつじょう》）を明かした。また、釈尊は成仏してもなお、菩薩《ぼさつ》として修行して得た功徳《くどく》によって長遠《ちょうおん》な寿命《じゅみょう》が続くことが明かされた。諸経典では、釈尊がいくつもの過去世で菩薩としてさまざまな修行をしてきたことが説かれるが、それは久遠実成より後のこととなり、仏が衆生《しゅじょう》を導《みちび》くために方便《ほうべん》として示したものであることが明らかになる。

また諸経典に説かれる仏たちも久遠の釈尊から分かれ出た分身《ふんじん》であることが明らかになる。これによって、長遠《ちょうおん》な過去から遠大な未来に至るまで、釈尊には仏界の境涯と菩薩などの九界の境涯が常に併存《へいぞん》しており、どちらが表面に現《あらわ》れていても本《もと》から他方がそなわっているということになる。これによって十界がともに常に一つの生命にそなわっていることになり、真に十界互具《じっかいごぐ》が成り立ち、十界互具を前提とする百界千如《ひゃっかいせんにょ》・一念三千《いちねんさんぜん》もはじめて常に成り立つこととなる。

〈注4〉**【華蔵世界《けぞうせかい》】** 蓮華蔵世界《れんげぞうせかい》のこと。華厳経に説《と》かれる世界で、盧舎那仏《るしゃなぶつ》が昔、菩薩の修行をした時、多くの仏に仕えたが、その多くの国土を荘厳した。

〈注5〉**【阿含経《あごんぎょう》の比較的小さな身の釈尊《しゃくそん》】** 阿含経では、衆生《しゅじょう》を教え導《みちび》くために現《あらわ》した姿として、釈尊《しゃくそん》の身長は一丈《じょう》六尺《しゃく》（約四・八五メートル）とされる。

〈注6〉**【『法華玄義《ほっけげんぎ》』】** 天台大師《てんだいだいし》が法華経の題名である「妙法蓮華経」について講義したものを、章安大師灌頂《しょうあんだいしかんじょう》が編集整理したもの。十巻。「妙法蓮華経」に秘められている深玄《しんげん》な奥《おう》義《ぎ》を、名《みょう》・体《たい》・宗《しゅう》・用《ゆう》・教《きょう》の五つの観点《かんてん》（五重玄義《ごじゅうげんぎ》）から示し、法華経こそあらゆる経典で最高の教えであることを明かしている。

第17段　法華経本門《ほんもん》の難信《なんしん》の様子を示す

（御書一九八ジペ四行目〜八行目）

法華経本門《ほんもん》における難信《なんしん》の様子

私、日蓮の考えでは、二乗作仏《にじょうさぶつ》についてでさえ、爾前経《にぜんきょう》が優勢であると思われる。久遠実成《くおんじつじょう》については、それとは比べものにならないほど爾前経の方に心が引き寄せられそうである。

その理由は、爾前経《にぜんきょう》と法華経を比較《ひかく》すると、やはり爾前経の方が強固である上、爾前経だけではなく、法華経迹門《しゃくもん》の十四品《ほん》も爾前経とまったく同じ始成正覚《しじょうしょうがく》の立場である。しかも本門《ほんもん》十四品の中でも、涌出品《ゆじゅっぽん》・寿量品《じゅりょうほん》の二品を除《のぞ》いては、すべて始成正覚の立場のままである。

寿量品《じゅりょうほん》で三身《さんじん》の無始常住《むしじょうじゅう》を明《あ》かす

沙羅双樹《しゃらそうじゅ》の場所〈注1〉で最後に説《と》かれた大般涅槃経《だいはつねはんぎょう》四十巻、そのほかの法華経の前後に説かれた大乗《だいじょう》の諸経にも、久遠実成《くおんじつじょう》については一字一句《いちじいっく》もなく、法身《ほっしん》〈注2〉の無始無終《むしむしゅう》は説いていても、さまざまな応身《おうじん》・報身《ほうしん》〈注2〉の仏たちの本来の境地《きょうち》が何であるかは説《と》いていない〈注3〉。どうして爾前経《にぜんきょう》、法華経の迹門《しゃくもん》・本門《ほんもん》、涅槃経《ねはんぎょう》など膨大《ぼうだい》な大乗の経典を捨てて、涌出品《ゆじゅっぽん》・寿量品《じゅりょうほん》の二品だけに従ってよいだろうか。

◇注　解◇

〈注1〉【沙羅双樹《しゃらそうじゅ》の場所】釈尊《しゃくそん》が亡《な》くなった場所。クシナガラの郊外で沙羅《しゃら》（サーラ）の木が対になって生えていたと伝えられる。

〈注2〉【法身《ほっしん》・応身《おうじん》・報身《ほうしん》】仏としての本質的な三種の特性で、合わせて三身《さんじん》という。①法身とは、仏が覚った真実・真理のこと。②報身とは、最高の覚《さと》りの智慧《ちえ》をはじめ、仏と成った報いとして得た種々《しゅじゅ》の優れた特性。③応身とは、人々を苦悩から救うために、それぞれに応じて現実に表した姿のこと。慈悲《じひ》の側面をいう。

〈注3〉法華経寿量品《じゅりょうほん》では、諸経に説《と》かれている種々の応身《おうじん》や報身《ほうしん》の仏たちの本地《ほんじ》は久遠《くおん》の釈尊《しゃくそん》であることが、初めて明かされる。これによって、釈尊（自受用報身仏《じじゅゆうほうしんぶつ》）・多宝如来《たほうにょらい》（法身仏《ほっしんぶつ》）・十方分身諸仏《じっぽうふんじんしょぶつ》（応身仏《おうじんぶつ》）という三種の仏は、久遠の釈尊が持つ三つの側面の現れであるということになる。このような寿量品だけの説に従って、諸経典に説くことに反してよいのかという論難である。

第18段　諸宗の誤《あやま》った見解《けんかい》

（御書一九八ジ゙ー九行目～一九九ジ゙ー九行目）

「三国《さんごく》第一」をうたった法相宗《ほっそうしゅう》

それ故、諸宗は法華経の教えを批判した。

まず、法相宗《ほっそうしゅう》という宗派は、インドで釈尊《しゃくそん》が入滅して九百年後に無著菩薩《むじゃくぼさつ》〈注1〉という大学者がいた。夜は都率天《とそつてん》〈注2〉の内院《ないいん》にのぼり、弥勒菩薩《みろくぼさつ》に直接会って〈注3〉、釈尊のすべての教えについて不審な点を解明し、昼はインドのアヨーディヤー国で法相宗の法門を広めた。その弟子は世親《せしん》・護法《ごほう》〈注4〉・難陀《なんだ》〈注5〉・戒賢《かいげん》〈注6〉などの大学者であった。戒日大王《かいじつだいおう》〈注7〉も礼拝《らいはい》し、全インドの人々は自分の主張を捨てて、この教えに帰依《きえ》した。

中国の玄奘三蔵《げんじょうさんぞう》はインドにわたって十七年間、インドの百三十余《あま》りの国々を見聞し、他の諸宗は打ち捨てて、この法相宗《ほっそうしゅう》を中国に伝え、唐《とう》の太宗皇帝《たいそうこうてい》〈注8〉という賢明な王に授けた。そして神昉《じんぼう》〈注9〉・嘉尚《かしょう》〈注10〉・普光《ふこう》〈注11〉・基《き》を弟子として、大慈恩寺《だいじおんじ》を拠点とし、中国全土三百六十余りの地域に広めた。

日本については、第四十五代・聖武天皇《しょうむてんのう》の時代〈注12〉に、道慈《どうじ》〈注13〉・道昭《どうしょう》〈注14〉らが唐《とう》で学んで日本に伝えて、山階寺《やましなでら》（興福寺《こうふくじ》）〈注15〉で篤《あつ》く信仰《しんこう》された。

このように法相宗《ほっそうしゅう》は、インド・中国・日本の三国で第一の宗派である。

二乗作仏《にじょうさぶつ》の法理に敵対《てきたい》した法相宗《ほっそうしゅう》

この宗派では次のように述べている。

「最初に説《と》かれた華厳経《けごんぎょう》から、最後の法華経・涅槃経《ねはんぎょう》に至《いた》るまでのすべての経典には、覚《さと》りや涅槃に至る因子《いんし》がない者と、二乗《にじょう》として涅槃に至ることが定まっている者は決して成仏《じょうぶつ》できないと説かれている。

仏の言葉に二言はない。一度、決して成仏《じょうぶつ》できないと決定した以上は、たとえ太陽や月が地に落ちることがあっても、大地がひっくり返ることがあっても、決して改《あらた》められるはずがない。

それ故、法華経・涅槃経《ねはんぎょう》の中でも、爾前経《にぜんきょう》で嫌《きら》われた、覚《さと》りや涅槃に至る因《いん》子《し》がない者と二乗《にじょう》として涅槃に至《いた》ることが定まっている者を特に取り上げて、彼らが成仏《じょうぶつ》するとは説《と》かれていない。

まず目を閉じてよく考えてみなさい。法華経・涅槃経《ねはんぎょう》で、二乗《にじょう》として涅槃に至《いた》ることが定まっている者と覚《さと》りや涅槃に至る因子《いんし》がない者が、成仏《じょうぶつ》することが明確なら、無著《むじゃく》や世親《せしん》ほどの大学者、玄奘《げんじょう》・慈恩《じおん》（基《き》）ほどの三蔵に通じた法師《ほっし》や学者が、これを見ないことがあるだろうか。これを著書に記さないことがあるだろうか。これを信じて伝えないことがあるだろうか。弥勒菩薩《みろくぼさつ》にご質問しないことがあるだろうか。

あなたは法華経の文《もん》を根拠としているようであるが、天台《てんだい》・妙楽《みょうらく》（湛然《たんねん》）・伝《でん》教《ぎょう》（最澄《さいちょう》）の誤《あやま》った考えを受け入れて、その考えによって経文を見るから、爾前《にぜん》経《きょう》と比べて法華経は水と火のように正反対であると感じるのである」と。

華厳《けごん》・真言《しんごん》は誤《あやま》った祖師《そし》を尊崇《そんすう》

華厳宗《けごんしゅう》と真言宗《しんごんしゅう》は、法相宗《ほっそうしゅう》や三論宗《さんろんしゅう》とは比較《ひかく》にならないほど、高度な宗派である。この二宗では次のように言っている。

「二乗作仏《にじょうさぶつ》や久遠実成《くおんじつじょう》は、法華経に限《かぎ》らず、華厳経《けごんぎょう》や大日経《だいにちきょう》にもはっきりと説《と》かれている。

華厳宗《けごんしゅう》の杜順《とじゅん》〈注16〉・智儼《ちごん》〈注17〉・法蔵《ほうぞう》〈注18〉・澄観《ちょうかん》、真言宗《しんごんしゅう》の善無畏《ぜんむい》・金《こん》剛智《ごうち》・不空《ふくう》〈注19〉らは、天台《てんだい》・伝教《でんぎょう》とは比較《ひかく》にならないほど、位《くらい》の高い人々である。その上、善無畏らは大日如来《だいにちにょらい》〈注20〉から少しの乱れもない相承《そうじょう》がある。仏・菩薩《ぼさつ》の化身《けしん》であるこれらの人々に、どうして誤《あやま》りがあるだろうか」

久遠実成《くおんじつじょう》の法理を盗《ぬす》んだ華厳《けごん》・真言《しんごん》

そして、「華厳経《けごんぎょう》には『釈尊《しゃくそん》が覚《さと》りを開いてから不可思議劫《ふかしぎこう》というきわめて長い時間が過ぎたということを示す場合もある』とあり、大日経《だいにちきょう》には『私（大《だい》日如来《にちにょらい》）はあらゆるものの根源《こんげん》である』とある。

どうして、久遠実成《くおんじつじょう》は、ただ法華経寿量品《じゅりょうほん》にしか説《と》かれていないといえるだろうか。

譬《たと》えて言えば、井の中の蛙《かえる》が大海を見たことがなく、山東《さんとう》地方の者〈注21〉が都《みやこ》の洛陽《らくよう》のことを知らないようなものである。あなたはただ寿量品だけを見て、華厳経《けごんぎょう》・大日経《だいにちきょう》などの諸経を知らないのか。

さらに言えば、インド・中国・新羅《しんら》〈注22〉・百済《ひゃくさい》〈注23〉などでも、一様に

『二乗作仏《にじょうさぶつ》・久遠実成《くおんじつじょう》が説《と》かれているのは法華経だけである』と言っているのか」と。

◇注　解◇

〈注1〉**【無著《むじゃく》菩薩《ぼさつ》】**無著はサンスクリットのアサンガの訳。四～五世紀ごろのインドの仏教思想家。『摂大乗論《しょうだいじょうろん》』などを著し、唯識思想《ゆいしきしそう》の体系化を推進した。世親《せしん》の兄。

〈注2〉**【都率天《とそつてん》】**都率《とそつ》はサンスクリットのトゥシタの音写。「兜率《とそつ》」とも書く。欲界《よっかい》に属する天上世界は六層に分かれるが、そのうち下から数えて第四層にあたる。須弥山《しゅみせん》の頂上のすぐ上に位置する。仏になる直前の菩薩《ぼさつ》が待機している。娑婆世界《しゃばせかい》における都率天には弥《み》勒菩薩《ろくぼさつ》が待機しており、五十六億七千万年後に地上に下りてきて仏と成《な》って人々を救《すく》うとされる。

〈注3〉**【弥勒菩薩《みろくぼさつ》に直接会って】**法相宗《ほっそうしゅう》の依《よ》って立つ唯識学派《ゆいしきがくは》では、『瑜伽師地論《ゆがしじろん》』を著《あらわ》したとされるマイトレーヤ（弥勒）という名の大乗《だいじょう》の学者を祖《そ》と仰《あお》ぐ。

　この人物と、諸経典で釈尊《しゃくそん》が亡《な》くなって五十六億七千万年後に人々を救済《きゅうさい》する仏としてこの世界に登場するとされ、それまで都率天《とそつてん》で待つとされた弥勒菩薩とが混同して伝承《でんしょう》されていった。

〈注4〉**【護法《ごほう》】**五三〇年～五六一年。サンスクリットのダルマパーラの訳で、唯識学派《ゆいしきがくは》の論師《ろんじ》。南インド出身で、ナーランダー寺の学頭を務めた。唯識学の重要文献とされる『成《じょう》唯識論《ゆいしきろん》』は、世親《せしん》の『唯識三十論頌《ゆいしきさんじゅうろんじゅ》』に対する護法《ごほう》の注釈を中心として編《あ》まれた書。

〈注5〉【難陀《なんだ》】唯識学派《ゆいしきがくは》の論師。『唯識三十論頌《ゆいしきさんじゅうろんじゅ》』『瑜伽師地論《ゆがしじろん》』などを解釈した。

〈注6〉【戒賢《かいげん》】五二九年〜六四五年。サンスクリットのシーラバドラの訳で、唯識学派《ゆいしきがくは》の論師。東インド出身で、ナーランダー寺で護法《ごほう》を師として出家した。護法の後を継ぎ、同寺の学頭となる。玄奘《げんじょう》を迎え、彼に唯識説を伝えた。

〈注7〉【戒日大王《かいじつだいおう》】七世紀前半にガンジス川流域北部を支配した王ハルシャ・ヴァルダナのこと。戒日は、別名のシーラーディティアの漢訳。

〈注8〉【太宗皇帝《たいそうこうてい》】五九八年〜六四九年。中国・唐《とう》の第二代皇帝。姓名は李世民《りせいみん》。高祖・李淵《りえん》の次子。唐王朝繁栄の基礎を確立し、その治世《ちせい》は「貞観《じょうがん》の治《ち》」と呼ばれ、後世の模範とされた。インドから諸経典を伝来した玄奘《げんじょう》は、太宗の命を受け国家事業として、多くの経論を漢訳し、後の法相宗《ほっそうしゅう》の教義となる唯識思想《ゆいしきしそう》を広めた。

〈注9〉【神昉《じんぼう》】中国・唐《とう》の僧。玄奘《げんじょう》の門下。玄奘の訳経に参加するとともに唯識の論書を著した。

〈注10〉【嘉尚《かしょう》】生没年不詳。中国・唐《とう》の法相宗《ほっそうしゅう》の僧。玄奘《げんじょう》の門下。玄奘の訳経にともない自《みずか》らも翻訳に従事したほか、玄奘訳の経論七十五部千三百三十五巻の記録を作った。

〈注11〉【普光《ふこう》】生没年不詳。中国・唐《とう》の僧。玄奘《げんじょう》の門下として玄奘の訳経を助けた。また玄奘が新訳した『倶舎論《くしゃろん》』の注釈書である『倶舎論記』を著し、説一切有部《せついっさいうぶ》の教学を中心として倶舎宗を大成した。

〈注12〉【第四十五代・聖武天皇《しょうむてんのう》の時代】御書本文は、「三十七代・孝徳天皇《こうとくてんのう》」（一九八ページ）。身延にあった御真筆と照合したという学僧・日乾《にちけん》（一五六〇年～一六三五年）による写本には「四十五代聖武天皇」となっており、日寛上人《にちかんしょうにん》も『文段《もんだん》』で「四十五代聖武天皇」という文に基づいて解釈している。

　史実としては、第三十六代・孝徳天皇《こうとくてんのう》の時代に道昭《どうしょう》が唐《とう》に渡り、法相宗《ほっそうしゅう》を学んで、斉明《さいめい》天皇《てんのう》の時代に日本に伝えた。その後、道慈《どうじ》が唐に渡って三論宗《さんろんしゅう》を伝えたと伝承されていた。さらに唐に渡って法相宗を学んだ玄昉《げんぼう》が、第四十五代聖武天皇《しょうむてんのう》の時代に帰国し、興福寺《こうふくじ》で法相宗を興隆させた。

〈注13〉【道慈《どうじ》】？～七四四年。奈良の大安寺《だいあんじ》の三論宗《さんろんしゅう》の第三祖。唐《とう》に渡り、善無畏《ぜんむい》などに会って密教《みっきょう》や三論《さんろん》などを究めた。帰朝後、聖武天皇《しょうむてんのう》の要請で官寺を建てて大安寺《だいあんじ》と号し、三論宗を広めた。

〈注14〉【道昭《どうしょう》】六二九年～七〇〇年。日本法相宗《にほんほっそうしゅう》の開祖。唐《とう》に渡り玄奘《げんじょう》に師事し、法相教学（摂論《しょうろん》とも）を学んだ。経論を携えて帰朝し、元興寺《がんごうじ》で法相宗を広めた。弟子に行基《ぎょうき》がいる。

〈注15〉【山階寺《やましなでら》（興福寺《こうふくじ》）】奈良にある法相宗《ほっそうしゅう》の寺。藤原氏《ふじわらし》の氏寺《うじでら》とされ、権勢を振るっていた。

〈注16〉【杜順《とじゅん》】五五七年〜六四〇年。法順《ほうじゅん》ともいう。中国華厳宗《けごんしゅう》の第一祖とされた。華厳宗を広めて唐《とう》の太宗《たいそう》から崇敬《すうけい》された。智儼《ちごん》に法を伝えた。

〈注17〉【智儼《ちごん》】六〇二年〜六六八年。中国・唐《とう》の僧。一般には杜順《とじゅん》に継ぐ華厳宗《けごんしゅう》第二祖とされる。弟子に法蔵《ほうぞう》がいる。

〈注18〉【法蔵《ほうぞう》】六四三年〜七一二年。中国・唐《とう》の僧で、華厳宗《けごんしゅう》第三祖。華厳教学の大成者といわれる。

〈注19〉【不空《ふくう》】七〇五年〜七七四年。北インド（一説にスリランカ）の生まれで、金剛智《こんごうち》の弟子。金剛頂経《こんごうちょうきょう》など百部百四十三巻におよぶ多くの経典を訳した。

〈注20〉【大日如来《だいにちにょらい》】大日は、サンスクリットのマハーヴァイローチャナの訳。音写では摩《ま》訶毘盧遮那《かびるしゃな》という。大日経《だいにちきょう》・金剛頂経《こんごうちょうきょう》などの密教経典《みっきょうきょうてん》に説かれる密厳浄土《みつごんじょうど》の仏。

〈注21〉【山東《さんとう》地方の者】御書本文は「山左」（一九九ページ）。山左《さんさ》とは、太行山脈《たいこうさんみゃく》の東側が、南に向いて左に当たることからの名。黄海《こうかい》・渤海湾《ぼっかいわん》に面した半島地域で都《みやこ》の洛陽《らくよう》から遠く離れている。

〈注22〉【新羅《しんら》】？〜九三五年。四世紀ごろから韓《かん》・朝鮮《ちょうせん》半島の南東部を支配した王朝。建国以来、隣国の百済《ひゃくさい》・高句麗《こうくり》と対抗してきたが、七世紀後半に初めて韓・朝鮮半島に統一国家をつくった。

〈注23〉【百済《ひゃくさい》】四世紀前半～六六〇年。韓《かん》・朝鮮《ちょうせん》半島南西部を支配した王朝。六世紀ごろに日本に仏教を公式に伝えたとされる。

第19段　滅後《めつご》の難信《なんしん》のまとめ

（御書一九九㌻十行目〜二〇〇㌻一行目）

在世の時より強い爾前《にぜん》への執着《しゅうちゃく》

それ故、最後の八年に説《と》かれた法華経は、それ以前の四十余年の爾前経《にぜんきょう》とは相違しているといっても、また、譲状《ゆずりじょう》について先のものと後のものと二通ある場合、後のものに基《もと》づくのが当然であるといっても、それでも爾前経の方が優勢であると思わざるを得ない。また、ただ釈尊《しゃくそん》の存命中《ぞんめいちゅう》だけに限っていえば、法華経につくこともありうるだろうが、釈尊が亡《な》くなった後に出現したインド・中国の大学者や学者たちの多くは、爾前経に心が引かれているのである。

末法《まっぽう》の辺国における難信《なんしん》の様子

このように法華経は信じ難いうえ、この時代も次第に終末に近づいたので、聖人《しょうにん》・賢人《けんじん》は次第に姿を消し、正しい判断のできない者が次第に多くなった。世俗《せぞく》の浅い事柄であっても、誤《あやま》りやすい。まして、宗教上の深い教えに関して、誤りがないことがあるだろうか。

犢子《とくし》や方広《ほうこう》〈注1〉は聡明であったが、それでも大乗経《だいじょうきょう》や小乗経《しょうじょうきょう》の理解に誤《あやま》りを犯《おか》した。無垢《むく》や摩沓《まとう》〈注2〉は、能力が優《すぐ》れていたが、権教《ごんきょう》と実教《じっきょう》を区別することができなかった。これらは正法《しょうほう》時代の千年の間〈注3〉のことで、釈《しゃく》尊《そん》が存命中《ぞんめいちゅう》の時代［在世《ざいせ》］にも近く、インドの国内であったにもかかわらず、すでにこのようなありさまであった。まして、中国や日本などはインドから遠く離れ、言葉も異なっている。

人々の仏教を理解する能力も劣《おと》っており、寿命《じゅみょう》も短《みじか》く、貪《むさぼ》り・瞋《いか》り・癡《おろ》かの三毒《さんどく》も増している。釈尊《しゃくそん》がこの世《よ》を去ってから長い年月が経っている。人々は釈尊の教えをすっかり誤《あやま》って理解している。誰の理解が、経典をまっすぐ素直に受け止めたものといえるだろうか。

末法《まっぽう》の様相を示し難信《なんしん》の様子をまとめる

釈尊《しゃくそん》は涅槃経《ねはんぎょう》で予言しているが、それは「末法《まっぽう》には正法《しょうほう》を持《たも》つ者は爪《つめ》の上の土のように少なく、謗法《ほうぼう》の者は十方《じっぽう》の世界の大地の土のように多い」という趣《しゅ》旨《し》である。

法滅尽経《ほうめつじんぎょう》〈注4〉には「謗法《ほうぼう》の者はガンジス川の砂ほど多く、正法《しょうほう》を持《たも》つ者は一個や二個の小石のように少ない」と予言されている。

たとえ千年に一人、五百年に一人現《あらわ》れるといっても、正法《しょうほう》を持《たも》つ者がいる可能性は低い。一般社会の罪によって悪道に堕《お》ちる者は爪《つめ》の上の土のように少なく、仏法によって悪道に堕ちる者は、十方の世界の土のように多い。それも、在家《ざいけ》の男性よりも僧《そう》のほうが、在家の女性よりも尼《あま》のほうが、悪道に堕《お》ちる者が多いのだろう。

◇注　解◇

〈注1〉【犢子《とくし》や方広《ほうこう》】犢子は、釈尊《しゃくそん》の存命中《ぞんめいちゅう》の弟子で、無我《むが》（あらゆる事物に永遠不変の固定的な実体はないという真理）の教えに背《そむ》いた。方広は、方広道人《どうにん》のことで、空《くう》の思想を誤《あやま》って理解し大乗《だいじょう》の教えに背いた。

〈注2〉【無垢《むく》や摩沓《まとう》】無垢は、無垢友《むくう》の略で、サンスクリット名ヴィマラミトラの漢訳。小乗《しょうじょう》の教えで大乗《だいじょう》を破《やぶ》ろうとして無間地獄《むけんじごく》に堕《お》ちたという。摩沓は、摩沓婆《まとうば》の略で、サンスクリット名マーダヴァの音写。五、六世紀ごろのマガダ国の数論派《すろんは》（サーンキヤ学派）の学者。優秀であったが、無相唯識学派《むそうゆいしきがくは》の徳慧《とくえ》（グナマティ）に論破され、六日目に血を吐いて死んだという。

〈注3〉【正法《しょうほう》時代の千年の間】釈尊滅後《しゃくそんめつご》、仏法がどのように受容されるかについての時代区分（正法《しょうほう》・像法《ぞうほう》・末法《まっぽう》）のうちの一つ。仏の教えが正しく行われる時期。教えそのもの（教《きょう》）、それを学び修行する者（行《ぎょう》）、覚りを開く者（証《しょう》）の三つがそなわり、成仏《じょうぶつ》する衆生《しゅじょう》がいた時期をいう。

『中観論疏《ちゅうがんろんしょ》』などでは、釈尊滅後《しゃくそんめつご》一千年間とされる。

大集経《だいじっきょう》では、始めの五百年を「解脱堅固《げだつけんご》」（衆生《しゅじょう》が小乗《しょうじょう》の教えを学び戒律《かいりつ》を持《たも》って解脱《げだつ》を求めた時代）とし、後の五百年を「禅定堅固《ぜんじょうけんご》」（衆生が大乗の教えを実践して深く三昧《さんまい》に入り心を静めて思惟《しゆい》の行《ぎょう》を行った時代）とする。

日蓮大聖人の御在世当時の日本では、『周書異記《しゅうしょいき》』に基づいて釈尊《しゃくそん》の入滅《にゅうめつ》が「周《しゅう》の穆王《ぼくおう》の五十二年」（紀元前九四九年）とされ、また吉蔵《きちぞう》の『法華玄論《ほっけげんろん》』などによる正法《しょうほう》千年・像法《ぞうほう》千年とする説が広く用いられ、永承《えいしょう》七年（一〇五二年）が末法元年と考えられていた。

〈注4〉【法滅尽経《ほうめつじんぎょう》】一巻。訳者不明。仏の滅後に法が滅する時の様相を説《と》いた経。末世法《まっせほう》滅《めつ》の時は魔が比丘《びく》となって現《あらわ》れ、非法《ひほう》の言動をすると説かれている。

第20段　末法《まっぽう》の法華経の行者《ぎょうじゃ》の誓願《せいがん》

（御書二〇〇ジ゙ー二行目〜十六行目）

末法《まっぽう》の辺地《へんち》の庶民《しょみん》の生まれ

ここで、私は次のように考えをめぐらせた。

時代はすでに末法《まっぽう》に入って二百年余《あま》りが経った。私は、仏教発祥《はっしょう》の地インドから遠く離れた日本に生まれ、そのうえ身分は賤《いや》しく、しかも福徳《ふくとく》もない貧《まず》しい僧の身〈注1〉である。

六道流転《ろくどうるてん》のいきさつを明《あ》かす

六道《ろくどう》を輪廻《りんね》している間に、人界《にんかい》・天界《てんかい》の大王と生まれて、大風が小さな木の枝をなびかせるように人々を従《したが》わせた時にも、仏に成《な》らなかった。また、小乗《しょうじょう》経《きょう》や大乗経《だいじょうきょう》を修行して外凡《げぼん》や内凡《ないぼん》〈注2〉となり、さらに修行して大菩薩《だいぼさつ》へと位《くらい》が進み、一劫《こう》、二劫、無量劫《むりょうこう》という長い間、菩薩《ぼさつ》の修行を貫いて、まもなく不退転の位に入るという時にも、悪道に陥《おとし》いれようとする強い働きかけによって堕落《だらく》してしまい、成仏《じょうぶつ》することもなかった。

いったい私は、どういう者なのか。大通智勝仏《だいつうちしょうぶつ》の時〈注3〉に第十六王子であった釈尊《しゃくそん》の弟子となった者のうち、発心《ほっしん》できなかった第三類の者であり、釈尊の存命中《ぞんめいちゅう》に成仏《じょうぶつ》のための覚《さと》りを得《え》られなかったのか。あるいは、五百塵点劫《ごひゃくじんてんごう》という久遠《くおん》の昔〈注4〉に法華経を聞いたにもかかわらず、退転《たいてん》してしまい、今に至った者なのか。分からない。

三悪道《さんあくどう》への要因《よういん》は悪縁《あくえん》・悪知識《あくちしき》

過去世《かこせ》で法華経を修行した時には、一般世間からの悪道に陥《おとしい》れようとする働きかけ、権力による迫害、仏教以外の諸宗教や小乗経《しょうじょうきょう》からの批判などは耐《た》え忍《しの》んだ。

しかし、権大乗経《ごんだいじょうきょう》も実大乗経《じつだいじょうきょう》も完全に理解しているように見える、道綽《どうしゃく》・善導《ぜんどう》・法然《ほうねん》ら〈注5〉のような、悪魔がその身に入っている者たちが、法華経を褒《ほ》めて持ち上げる一方で、人々の仏教理解の能力を無理やりに低く押し下げて評価し、「浄土門《じょうどもん》以外は教えの内容は深いが仏教理解の能力の低い人々にはほとんど理解できない〔理深解微《りじんげみ》〕〈注6〉」と言い立て、「末法《まっぽう》において成仏《じょうぶつ》した者はまだ一人もいない〔未有一人得者《みういちにんとくしゃ》〕〈注7〉」とか、「千人のうち一人も往生《おうじょう》した者はいない〔千中無一《せんちゅうむいち》〕〈注8〉」などと欺《あざむ》くのである。

計り知れないほど輪廻《りんね》を重ね、ガンジス川の砂《すな》の数ほど何度となく生まれかわるたびごとに、そのような者たちにだまされて、法華経を捨てて劣《おと》る権経《ごんきょう》を信ずるように堕落《だらく》した。そして、権経からさらに劣《おと》る小乗経《しょうじょうきょう》へ堕落し、さらに劣るインドの諸思想や中国の諸思想などへと堕落し、結局は悪道に堕《お》ちてしまった。私は深くこのことを知ったのである。

日本国でこのことを知っている者は、私一人だけである。

慈悲《じひ》のゆえに忍難《にんなん》弘通《ぐつう》を決意

このことを一言でも口にすれば、父母・兄弟・師匠による迫害《はくがい》、さらに国主からの権力による処罰《しょばつ》が必ず起こるだろう。もし言わなければ、慈悲《じひ》がないのに等しい。

このように考えていたところ、法華経・涅槃経《ねはんぎょう》などに基《もと》づいてこの両者を比《ひ》較《かく》してみると、「もし言わなければ、今世《こんぜ》では何事もなかったとしても、来世《らいせ》は必ず無間地獄《むけんじごく》に堕《お》ちる。一方、言うなら、三障四魔《さんしょうしま》〈注9〉という仏道修行の障害《しょうがい》が必ず競《きそ》い起こる」と分かった。

発心《ほっしん》・不退《ふたい》の誓願《せいがん》

「この両者の中では、言うのがよい。しかし、権力による処罰《しょばつ》などが起きた時にもし退転《たいてん》するぐらいなら、すっぱりと初めから言うのをやめてしまったほうがよい」と、しばらく決めかねていたところ、宝塔品《ほうとうほん》の六難九易《ろくなんくい》〈注10〉とはまさにこのことであると思い至った。

「私たちのような力《ちから》のない者が須弥山《しゅみせん》を投げることができるとしても、私たちのような神通力《じんずうりき》のない者が枯《か》れ草《くさ》を背負《せお》って世界全体を焼《や》き尽《つ》くす大火〈注11〉の中で焼けることがないとしても、私たちのような無知《むち》な者がガンジス川の砂《すな》の数ほどの多くの経典を読み覚えることができるとしても、法華経に関しては一句一偈《いっくいちげ》であっても末法《まっぽう》において受持《じゅじ》することができない」（趣旨）と説《と》かれているのは、このことにちがいない。

私は、この一生では、成仏《じょうぶつ》を求める強い心を起こして、退転《たいてん》するまい、と誓《せい》願《がん》したのである。

◇注　解◇

本抄の冒頭から第19段まで、永遠の幸福・安穏《あんのん》である成仏《じょうぶつ》の境地《きょうち》を人々が獲得するために信ずべき教えは何かを探究し明らかにされてきた。成仏を実現する生命の因果《いんが》を説《と》き切った教えは、法華経本門寿量品《ほんもんじゅりょうほん》の文底《もんてい》に秘沈《ひちん》された一念三千《いちねんさんぜん》の法門であることを丁寧《ていねい》に検《けん》証《しょう》された。

この第20段からは、その一念三千《いちねんさんぜん》の法を末法《まっぽう》の人々に説《と》いて救済《きゅうさい》する人は誰かを明らかにされていく。

まず末法《まっぽう》の日本に生まれてきた御自身の境地《きょうち》を検討されていく。

久遠《くおん》の過去から仏の教化《きょうけ》があったにもかかわらず、末法《まっぽう》に至るまで成仏《じょうぶつ》していないのは、成仏の根本法を納めた法華経を信受《しんじゅ》しなかったからであり、信受し護持《ごじ》しなかったのは、悪縁《あくえん》・悪知識《あくちしき》にだまされて法華経を捨てたからである、と明かされる。そして、この事実を公表して法華経への信を人々にも訴えたなら、経文どおりに難に遭《あ》うことになる。

しかし宝塔品《ほうとうほん》で、釈尊《しゃくそん》は六難九易《ろくなんくい》を説《と》いて、滅後《めつご》悪世での法華経の弘通《ぐつう》は極《きわ》めて困難であっても、あえて広めていくべきであることを呼びかけている。その経文に触《ふ》れて、不退《ふたい》転《てん》の求道心《きゅうどうしん》を起こして、法華経の弘通《ぐつう》に当たることを決意したと述べられ、「末法《まっぽう》の法華経の行者《ぎょうじゃ》」としての大聖人御自身の境地《きょうち》を明らかにされていくのである。

〈注1〉**【福徳《ふくとく》もない貧《まず》しい僧の身】** 御書本文は「貧道《ひんどう》の身」（二〇〇ページ）。もともとは修行が未熟な者という意味。そこから、福徳の果報《かほう》のないもの、さらに支援してくれる者もなく貧しい者という意味合いとなった。

〈注2〉**【外凡《げぼん》や内凡《ないぼん》】** 仏道修行の初期段階で、凡夫《ぼんぷ》のうち、一分《いちぶん》の理《り》を覚《さと》ったのが内凡で、まだ覚っていないのが外凡。

〈注3〉**【大通智勝仏《だいつうちしょうぶつ》の時】** 法華経化城喩品《けじょうゆほん》で、釈尊《しゃくそん》は過去世《かこせ》で大通智勝仏の第十六王子であったが、その時に教化《きょうけ》された衆生《しゅじょう》は、三類に分かれる。第一類はその時に発心《ほっしん》し不退転《ふたいてん》で得道《とくどう》したもの、第二類は発心したが大乗《だいじょう》から退転して小乗《しょうじょう》に堕《お》ちたもの、第三類は発心しなかったものである。

〈注4〉**【五百塵点劫《ごひゃくじんてんごう》という久遠《くおん》の昔】** 「五百千万億那由他阿僧祇《ごひゃくせんまんのくなゆたあそうぎ》」の「五百」を取って五百塵点劫という。法華経如来寿量品《にょらいじゅりょうほん》第十六では、釈尊《しゃくそん》の成道《じょうどう》は五百塵点劫という長遠《ちょうおん》な過去（久遠）であり、それ以来、衆生《しゅじょう》を説法教化《せっぽうきょうけ》してきたことが明かされた。

五百塵点劫《ごひゃくじんてんごう》は、法華経で以下のように説明される（法華経四七八ページ）。すなわち、五百千《ごひゃくせん》万億那由他阿僧祇《まんのくなゆたあそうぎ》（人間の思議できない無限の数）の三千大千世界《さんぜんだいせんせかい》の国土を粉々《こなごな》にすりつぶして微塵《みじん》とし、東方に進み五百千万億那由他阿僧祇の国を過ぎて一塵《じん》を落とし、以下同様にしてすべて微塵を下ろし尽くして、今度は下ろした国土も下ろさない国土もことごとく合わせて微塵にし、その一塵を一劫とする、またそれに過ぎた長遠な時である。

〈注5〉【道綽《どうしゃく》・善導《ぜんどう》・法然《ほうねん》ら】道綽・善導・法然は、中国・日本の念仏の祖師。浄土経典《じょうどきょうてん》を宣揚《せんよう》し、他の経典を軽んじ排除した。

〈注6〉【理深解微《りじんげみ》】中国浄土教の道綽《どうしゃく》の『安楽集《あんらくしゅう》』巻上の言葉。

〈注7〉【未有一人得者《みういちにんとくしゃ》】道綽《どうしゃく》の『安楽集《あんらくしゅう》』巻上の言葉。

〈注8〉【千中無一《せんちゅうむいち》】中国浄土教《じょうどきょう》の善導《ぜんどう》の『往生礼讃偈《おうじょうらいさんげ》』の言葉。

〈注9〉【三障四魔《さんしょうしま》】仏道修行が進展すると起こってくる種々の障害《しょうがい》。三障とは、煩悩障《ぼんのうしょう》・業障《ごうしょう》・報障《ほうしょう》。四魔とは煩悩魔《ぼんのうま》・陰魔《おんま》・死魔《しま》・天子魔《てんしま》。

〈注10〉【六難九易《ろくなんくい》】仏の滅後に法華経を受持《じゅじ》し弘通《ぐつう》することの難《むずか》しさを、六つの難しいこと（六難）と九つの易《やさ》しいこと（九易）との対比《たいひ》をもって示したもの。法華経見宝塔品《けんほうとうほん》第十一に説《と》かれる。

六難《ろくなん》とは、①広説此経難《こうせつしきょうなん》（悪世のなかで法華経を説《と》く）②書持此経難《しょじしきょうなん》（法華経を書き、人に書かせる）③暫読此経難《ざんどくしきょうなん》（悪世のなかで、しばらくの間でも法華経を読む）④少説此経難《しょうせつしきょうなん》（一人のためにも法華経を説く）⑤聴受此経難《ちょうじゅしきょうなん》（法華経を聴受してその義趣を質問する）⑥受持此経難《じゅじしきょうなん》（よく法華経を受持する）。

九易《くい》とは、①余経説法易《よきょうせっぽうい》（法華経以外の無数の経を説《と》く）②須弥擲置易《しゅみちゃくちい》（須弥山《しゅみせん》をとって他方の無数の仏土に投げ置く）③世界足擲易《せかいそくちゃくい》（足の指で大千世界を動かして遠くの他国に投げる）④有頂説法易《うちょうせっぽうい》（有頂天に立って無量の余経を説法する）⑤把空遊行易《はくうゆぎょうい》（手に虚《こ》空《くう》・大空をとって遊行する）⑥足地昇天易《そくじしょうてんい》（大地を足の甲《こう》の上に置いて梵天《ぼんてん》に昇《のぼ》る）⑦大《だい》火不焼易《かふしょうい》（枯草《かれくさ》を負って大火に入っていっても焼けない）⑧広説得通易《こうせつとくつうい》（八万四千の法門を演説して聴者《ちょうしゃ》に六神通《ろくじんずう》を得《え》させる）⑨大衆羅漢易《だいしゅらかんい》（無量の衆生に阿羅漢《あらかん》位を得させて六《ろく》神通《じんずう》をそなえさせる）。

六難に比べれば、およそ不可能な九易すらまだ易しいと説いたうえで、釈尊《しゃくそん》は滅後《めつご》の弘《ぐ》通《つう》をうながしている。

〈注11〉**【世界全体を焼《や》き尽《つ》くす大火】**御書本文は「劫火《ごうか》」（二〇〇ページ）。壊劫《えこう》（世界が崩壊《ほうかい》する時期）に起こる、世界を焼き尽くす大火。

第21段　法華経の行者《ぎょうじゃ》であることをあらあら示す

（御書二〇〇ジペー十七行目～二〇二ジペー七行目）

立宗以来《りっしゅういらい》の大難《だいなん》の様相を示す

それからすでに二十年以上〈注1〉、この法門《ほうもん》を説《と》いてきたが、日々・月々・年々に、迫害《はくがい》の度合いが増してきた。小さな迫害は数えきれない。重大な迫害は四度〈注2〉である。

そのうち二度はさておき、権力による処罰《しょばつ》はすでに二度に及《およ》んだ。今回はあやうく私の生命まで奪《うば》われそうになった。その上、出家《しゅっけ》の弟子といい、有力在《ゆうりょくざい》家信徒《けしんと》といい、あらゆる者が処罰された。さらには、わずかに私の話を聞いた

（201）

だけの在家の人々が私の所に来ただけでも、重い刑を受けた。謀反《むほん》などを犯《おか》した者のような扱《あつか》いである。

「況滅度後《きょうめつどご》」などの経文を身《み》で読む

法華経第四巻には「しかもこの法華経は仏（釈尊《しゃくそん》）の存命中《ぞんめいちゅう》でも、なお反発〔怨嫉《おんしつ》〕が多い。まして亡《な》くなった後にはなおさらのことである（如来現在《にょらいげんざい》、猶多《ゆた》怨嫉《おんしつ》。況滅度後《きょうめつどご》）」（法師品《ほっしほん》）とある。

同じく第二巻には「法華経を読み暗誦《あんしょう》し、書写して残そうとする者を見て、軽んじ、卑《いや》しめ、憎《にく》み、妬《ねた》んで、敵意《てきい》をいだくだろう」（譬喩品《ひゆほん》）とある。

同じく第五巻には「全世界の人々が反感をもち、信じることがなかなかできない」（安楽行品《あんらくぎょうほん》）とある。

また「智慧《ちえ》のない人々が非難《ひなん》し、ののしるだろう」、「国王や大臣、バラモンや家長《かちょう》〈注3〉などに向かって、私たちを誹謗《ひぼう》し、悪く言って、誤《あやま》った考えをもつ人だと言うだろう」、「たびたび追放《ついほう》されるだろう」(勧持品《かんじほん》)と説《と》かれている。

また「杖《つえ》や棒《ぼう》で打ち、瓦礫《がれき》〈注4〉を投げつけるだろう」(不軽品《ふきょうぼん》)とも説《と》かれている。

涅槃経《ねはんぎょう》には「そのとき、仏教以外の諸思想を実践する者たちが数えきれないほど多くいた。彼らが一団《いちだん》となってマガダ国の阿闍世王《あじゃせおう》〈注5〉のもとに行き、次のように言った。『今、大悪人はただ一人しかいません。それは出家修行者《しゅっけしゅぎょうしゃ》の瞿曇《くどん》(ゴータマ、釈尊《しゃくそん》のこと)です。(中略)世の中にいる悪人たちは皆、釈尊が得る供養《くよう》の分け前を得ようとして彼のもとに集まって従者となり、善行《ぜんこう》を行うことができなくなりました。瞿曇は、呪術《じゅじゅつ》の力《ちから》で迦葉《かしょう》や舎利弗《しゃりほつ》・目連《もくれん》らを屈服《くっぷく》させてしまいました』」と説《と》かれている。

天台《てんだい》は「(釈尊《しゃくそん》の存命中《ぞんめいちゅう》でも法華経を広めるのは困難である)まして未来はなおさらのこ

とである。その理由は、衆生《しゅじょう》を教え導《みちび》くことは難《むずか》しいからである」（『法華文句《ほっけもんぐ》』〈注6〉）と説《と》いている。

妙楽《みょうらく》は（法師品《ほっしほん》の「怨嫉《おんしつ》」の二字について）「法華経の信受《しんじゅ》を妨《さまた》げるものがまだ除《のぞ》かれていないことが『怨《おん》』であり、法華経を聞くことを喜ばないことが『嫉《しつ》』である」と説《と》いている（『法華文句記《ほっけもんぐき》』〈注7〉）。

中国の南三北七《なんさんほくしち》の十派の元祖《がんそ》である高僧や中国の数えきれないほどの学僧たちは、天台《てんだい》を怨敵《おんてき》とした。

日本の得一《とくいつ》〈注8〉も「おい！　智顗《ちぎ》よ、お前は誰の弟子か。三寸にも足らない舌《した》で、顔を覆《おお》うほど長く広い舌をもつ釈尊《しゃくそん》の説《と》いた教え〈注9〉を誹謗《ひぼう》している」と言っている（『守護国界章《しゅごこっかいしょう》』〈注10〉）。

『東春《とうじゅん》（法華経疏義纉《しょぎさん》）〈注11〉』には次のようにある。

「問う。釈尊《しゃくそん》が存命中《ぞんめいちゅう》にも、多くの怨嫉《おんしつ》があった。釈尊が亡《な》くなった後、この法華経を説《と》く時も、なぜ同様に妨《さまた》げが多いのか。

答える。俗《ぞく》に良薬口《りょうやくくち》に苦《にが》しと言うようなものである。この法華経は、五種類の異《こと》なった道を行く教え〈注12〉があるという誤《あやま》った考えを捨てて、唯一究極《ゆいいつきゅうきょく》の深遠な教えを立てている。それゆえ、煩悩《ぼんのう》にとらわれた凡夫《ぼんぶ》を退《しりぞ》け聖人《しょうにん》たちを叱《しか》り、権大乗教《ごんだいじょうきょう》を排斥《はいせき》し小乗教《しょうじょうきょう》を否定《ひてい》する。また、天魔《てんま》を毒虫《どくむし》と名づけ仏教以外のインドの諸思想を悪鬼《あっき》であると説《と》き、小乗教に執着《しゅうちゃく》する者をおとしめて、貧《まず》しく卑《いや》しい者とし、位《くらい》の高い菩薩《ぼさつ》を低く評価して、修行《しゅぎょう》を始めたばかりの者とした。

ゆえに天魔《てんま》は聞くことを嫌《きら》い、仏教以外のインドの諸思想の修行者は聞こうともせず、二乗《にじょう》は驚《おどろ》いて不審《ふしん》に思い、菩薩《ぼさつ》はおじけづく。このような者たちが、皆、妨《さまた》げとなるのである。『怨嫉《おんしつ》が多い』との経文がどうして偽《いつわ》りだろうか」と。

伝教大師《でんぎょうだいし》は、『顕戒論《けんかいろん》』〈注13〉でこう述べている。

「僧侶《そうりょ》の統括者《とうかつしゃ》〔僧統《そうとう》〕たちが天皇《てんのう》に上奏《じょうそう》して『西方のインドには鬼弁《きべん》というバラモンがいました。東方の日本には巧《たく》みな言葉を吐《は》く見かけだけの出家者〈注14〉がいます。これは、同類の者が東西で呼応《こおう》し世間をたぶらかしているのです』と述べた。

これに反論して私は言う。（中略）昔、中国の斉《せい》の時代に慧光《えこう》という僧侶の統《とう》括者《かつしゃ》〈注15〉がいたと聞いているが、今、わが国日本で僧侶の統括者の六人〈注16〉を目の当たりにしている。

法華経に『まして釈尊《しゃくそん》が亡《な》くなった後には、怨嫉《おんしつ》が多い』と説《と》かれていることは、まことに真実である」と。

また『法華秀句《ほっけしゅうく》』〈注17〉ではこう述べている。

「時代を言えば像法《ぞうほう》の時代〈注18〉の終わり、末法《まっぽう》の時代〈注19〉の初めであり、場所を探《さぐ》れば唐《とう》の東、靺鞨《まっかつ》〈注20〉の西である。教えを受ける人々を考えれば五濁《ごじょく》〈注21〉の衆生《しゅじょう》であり、大争乱《だいそうらん》の時代の人である。

（202）

法華経の法師品《ほっしほん》には『釈尊《しゃくそん》の存命中《ぞんめいちゅう》でも、なお反発が多い。まして亡《な》くなった後には、なおさらのことである』と説《と》かれているが、この言葉にはきちんと理由があるのである」と。

末法《まっぽう》の理不尽《りふじん》な迫害《はくがい》

子どもに灸《きゅう》を据《す》えると必《かなら》ず母に反発する〈注22〉。重病の人に良薬《りょうやく》を与えると、苦《にが》い味がすると不平《ふへい》を言うに決まっている。釈尊《しゃくそん》が存命中《ぞんめいちゅう》でも、法華経を広めるには反発があった。それ以後、像法《ぞうほう》・末法《まっぽう》ではなおさらであり、またインドから遠く離れた国では言うまでもない。山の上にさらに山があり、波の上に波が重なるように、迫害《はくがい》の上にさらに迫害が起こり、道理に合わないことは度を増していく。

像法時代《ぞうほうじだい》の中ごろに天台《てんだい》一人だけが、法華経をはじめあらゆる経を正しく読んだ。南三北七《なんさんほくしち》の学者たちが彼を敵視《てきし》したが、陳《ちん》と隋《ずい》の二代にわたって立派な君主《くんしゅ》〈注23〉が、その眼前《がんぜん》で対論《たいろん》させ、どちらが正しいかを明らかにしたので、敵《てき》はついにいなくなった。

像法時代《ぞうほうじだい》の末《まつ》に伝教《でんぎょう》一人だけが、法華経をはじめあらゆる経を仏が説《と》いたとおりに読んだ。これに対して奈良の七大寺《しちだいじ》〈注24〉の僧たちが蜂《はち》のように一斉《いっせい》に騒《さわ》ぎ出したが、桓武天皇《かんむてんのう》から嵯峨天皇《さがてんのう》までの賢明《けんめい》な君主たち〈注25〉が自《みずか》ら、どちらが正しいか明らかにしたので、この折も大事に至らなかった。

今は末法《まっぽう》の初めの二百年余《あま》りである。（私の場合は）「まして釈尊《しゃくそん》が亡《な》くなった後には〔況滅度後《きょうめつどご》〕」と言われる時代であることを示すものとして闘諍堅固《とうじょうけんご》（盛《さか》んな言い争い）の発端《ほったん》となるものであるから、（像法時代《ぞうほうじだい》の天台《てんだい》や伝教《でんぎょう》の場合とは違って）理《り》不尽《ふじん》なことが重んじられて、濁《にご》った世である証拠に、対論《たいろん》の場も与えられず流罪になり、さらには命まで奪《うば》われようとしている。

◇注　解◇

〈注1〉建長《けんちょう》五年（一二五三年）四月二十八日、日蓮大聖人は末法《まっぽう》の人々が信じて成仏《じょうぶつ》すべき根本法が南無妙法蓮華経であると宣言された（立宗宣言《りっしゅうせんげん》）。それ以来、本抄執筆に至るまで約二十年、南無妙法蓮華経を忍難弘通《にんなんぐつう》されてきた。

〈注2〉**【重大な迫害《はくがい》は四度】** 日蓮大聖人を襲《おそ》った命に及《およ》ぶような大難《だいなん》。文応元年《ぶんおうがんねん》（一二六〇年）の松葉ケ谷《まつばがやつ》の法難《ほうなん》、弘長元年《こうちょうがんねん》（一二六一年）の伊豆流罪《いずるざい》、文永元年《ぶんえいがんねん》（一二六四年）のいわゆる小松原《こまつばら》の法難、文永八年（一二七一年）の竜《たつ》の口《くち》の法難・佐渡流罪《さどるざい》をいう。このうち、伊豆流罪と竜の口の法難・佐渡流罪の二度が、幕府によるもので、権力による迫害である。

〈注3〉**【バラモンや家長《かちょう》】** バラモンは古代インドの身分制度《みぶんせいど》で最も高い身分で、もともとは祭祀《さいし》を司《つかさど》った。家長は、御書本文では「居士《こじ》」（二〇一㌻）で、もともとは一家・一族の中心者のことで、後に在家《ざいけ》の有力信仰者の敬称に用いられるようになった。

〈注4〉**【瓦礫《がれき》】** 御書本文は「瓦石《がしゃく》」（二〇一㌻）。法華経のサンスクリットの原文では、固くなった土の塊《かたまり》を指している。瓦《が》とは粘土《ねんど》を焼いて固くしたもので、瓦石は、もとは石のように固くなった粘土《ねんど》の塊《かたまり》を意味していたが、やがて「瓦礫《がれき》（瓦《かわら》と小石）」と解され定着していったものと思われる。

〈注5〉【阿闍世王《あじゃせおう》】釈尊存命中《しゃくそんぞんめいちゅう》のマガダ国の王。父を殺して王位《おうい》に就き、提婆達多《だいばだった》にそそのかされて釈尊を迫害《はくがい》したが、後に釈尊に帰依《きえ》した。

〈注6〉【『法華文句《ほっけもんぐ》』】天台大師智顗《てんだいだいしちぎ》の講義を章安大師灌頂《しょうあんだいしかんじょう》が編集整理した法華経の注釈書。十巻。法華経の文々句々の意義を、因縁《いんねん》・約教《やっきょう》・本迹《ほんじゃく》・観心《かんじん》の四つの解釈法によって明らかにしている。

〈注7〉【『法華文句記《ほっけもんぐき》』】妙楽大師湛然《みょうらくだいしたんねん》による『法華文句』の注釈書。十巻または三十巻。

〈注8〉【得一《とくいつ》】生没年不詳。平安《へいあん》時代初期の法相宗《ほっそうしゅう》の僧。徳一《とくいつ》、徳溢《とくいつ》とも書く。会津《あいず》の慧《え》日寺《にちじ》に居住した。法華経に基づき一乗思想《いちじょうしそう》を宣揚《せんよう》した伝教大師最澄《でんぎょうだいしさいちょう》と論争した。

〈注9〉【顔を覆《おお》うほど長く広い舌をもつ釈尊《しゃくそん》の説《と》いた教え】具体的には、法相宗《ほっそうしゅう》の得一《とくいつ》が依拠する解深密経《げじんみっきょう》の三時教判《さんじきょうはん》を指す。解深密経を最も優れた第三時の中道教《ちゅうどうきょう》としている。

〈注10〉【『守護国界章《しゅごこっかいしょう》』】伝教大師《でんぎょうだいし》の著作。三巻。法相宗《ほっそうしゅう》の得一《とくいつ》が三乗差別《さんじょうさべつ》の立場から天台《てんだい》大師《だいし》の宗義を批判したことを破折《はしゃく》し、法華一乗平等《ほっけいちじょうびょうどう》の立場から天台の正義《しょうぎ》を明らかにした。

〈注11〉【東春《とうじゅん》（法華経疏義纘《しょぎさん》）】中国・唐《とう》の天台宗《てんだいしゅう》の僧・智度《ちど》の著書。智度は、東春《とうしゅん》に住んだことから「東春沙門智度」と記し、「東春《とうしゅん》」と呼ばれ、その著《ちょ》『法華経疏義纘』も「東《とう》春《じゅん》」と呼ばれる。天台大師《てんだいだいし》の『法華文句《ほっけもんぐ》』および妙楽大師《みょうらくだいし》の『法華文句記』を注釈している。

〈注12〉【五種類の異《こと》なった道を行く教え】御書本文は「五乗《ごじょう》」（二〇一ページ）。仏教を理解し受容する衆生《しゅじょう》の能力の違いに応じて説《と》かれる人《にん》・天《てん》・声聞《しょうもん》・縁覚《えんがく》・菩薩《ぼさつ》の教え。

〈注13〉【『顕戒論《けんかいろん》』】伝教大師《でんぎょうだいし》の著作。三巻。弘仁《こうにん》十年（八一九年）、伝教大師は大乗戒壇《だいじょうかいだん》建立《こんりゅう》を請《こ》う上表文を朝廷《ちょうてい》に提出したが、南都六宗《なんとろくしゅう》の僧たちが反論したので、これを破折《はしゃく》するために本書が著された。

〈注14〉【巧《たく》みな言葉を吐《は》く見かけだけの出家者】具体的には伝教大師《でんぎょうだいし》を指す。

〈注15〉【慧光《えこう》という僧侶《そうりょ》の統括者《とうかつしゃ》】御書本文は「光統《こうず》」（二〇一ページ）。慧光《えこう》は、中国・斉《せい》の時代に、賢人《けんじん》・聖人《しょうにん》と称賛《しょうさん》され、一国の僧侶《そうりょ》を統括《とうかつ》する任《にん》に当たっていた。

〈注16〉【僧侶《そうりょ》の統括者《とうかつしゃ》の六人】御書本文は「六統《ろくとう》」（二〇一ページ）。伝教大師《でんぎょうだいし》の時代に、僧侶を統括する責務に当たる僧綱《そうごう》に任命されていた、元興寺《がんごうじ》の護命《ごみょう》ら六人の高僧。伝教大師の大乗戒壇《だいじょうかいだん》の建立《こんりゅう》に反対した。

〈注17〉【『法華秀句《ほっけしゅうく》』】伝教大師《でんぎょうだいし》の著作。三巻。法華経が十の点で諸経典より優《すぐ》れていることを説《と》く。特に、法相宗《ほっそうしゅう》の僧・得一《とくいつ》が法華経を誹謗《ひぼう》したことを糾弾《きゅうだん》している。

〈注18〉【像法《ぞうほう》の時代】釈尊滅後《しゃくそんめつご》、仏法がどのように受容されるかについての時代区分（正《しょう》法《ほう》・像法《ぞうほう》・末法《まっぽう》）のうちの一つ。「像」とは、かたどる・似ているの意味で、形式的に仏法が行われる時代をいう。教えそのものとそれを学び修行する者は存在するが、覚《さと》りを開く者はいないとされる。

〈注19〉【末法《まっぽう》の時代】仏の教えだけが存在して、それを学び修行する者や覚《さと》りを得《え》る者がいない時期のこと。釈尊《しゃくそん》の仏法の功力《くりき》が消滅《しょうめつ》し、隠没《おんもつ》する時をいう。

日蓮大聖人の御在世当時は、釈尊滅後《しゃくそんめつご》、正法《しょうほう》一千年、像法《ぞうほう》一千年を過ぎて末法《まっぽう》に入るという説が用いられていた。

したがって、『周書異記《しゅうしょいき》』にあるように釈尊《しゃくそん》の入滅《にゅうめつ》を、周《しゅう》の穆王《ぼくおう》五十二年（紀元前九四九年）として正像《しょうぞう》二千年説を用いると、永承《えいしょう》七年（一〇五二年）が末法《まっぽう》の到来《とうらい》となる（ただし釈尊の入滅の年代については諸説がある）。それによると大聖人の出世は釈尊滅後およそ二千二百年にあたるから、末法の初めの五百年中に御出現となる。

末法《まっぽう》の年代について『中観論疏《ちゅうがんろんしょ》』などには釈尊滅後《しゃくそんめつご》二千年以後一万年としている。大聖人は、末法万年の外《ほか》・尽未来際《じんみらいさい》とされている。弘長元年《こうちょうがんねん》（一二六二年）御述作の「教機時《きょうきじ》国抄《こくしょう》」に「仏の滅後の次の日より正法《しょうほう》一千年は持戒《じかい》の者は多く破戒《はかい》の者は少《すくな》し正法一千年の次の日より像法《ぞうほう》一千年は破戒の者は多く無戒《むかい》の者は少《すくな》し、像法一千年の次の日より末法一万年は破戒の者は少く無戒の者は多し……又当世は末法に入って二百一十余年《よねん》なり」（御書四三九ページ）と述べられている。

大集経《だいじっきょう》では、「闘諍堅固《とうじょうけんご》」（僧は戒律《かいりつ》を守らず、争《あらそ》いばかり起こして邪見《じゃけん》がはびこり、釈《しゃく》尊《そん》の仏法がその功力《くりき》をなくす時代）で、「白法隠没《びゃくほうおんもつ》」（釈尊の仏法が見失われる時代）であるとされる。

〈注20〉【靺鞨《まっかつ》】六世紀半ばから約一世紀の間、中国東北部の松花江流域《しょうかこうりゅういき》に住んだツングースの一種族を中国では隋《ずい》・唐《とう》の時代にこう呼んだ。

〈注21〉【五濁《ごじょく》】生命の濁りの諸相を五種に分類したもの。劫濁《こうじょく》・衆生濁《しゅじょうじょく》・煩悩濁《ぼんのうじょく》・見濁《けんじょく》・命濁《みょうじょく》の五つをいう。

〈注22〉【必《かなら》ず母に反発する】御書本文は「必ず母をあだむ」(一二〇二ページ)。日乾《にちけん》が御真筆と照合した写本では「母」は「父母」であり、古活字本録内御書《こかつじぼんろくないごしょ》・刊本録内御書《かんぼんろくないごしょ》・高祖遺文《こうそいぶん》録《ろく》などはすべて「父母」である。日存《にちぞん》による写本は「必父母(ヲ)アタム」とする。縮冊遺文は「父母」を「母」としている。

灸《きゅう》による治療《ちりょう》は、「唱法華題目抄《しょうほっけだいもくしょう》」(御書一五ページ)では譬《たと》えとして、母親は子どもが嫌《いや》がっているから行わないのに対して、父親が厳愛で子どものためになるから行うと述べられている。

〈注23〉【陳《ちん》と隋《ずい》の二代にわたって立派な君主《くんしゅ》】ここでは、天台大師《てんだいだいし》の在世に陳・隋を治《おさ》めていた、陳の宣帝《せんてい》と後主叔宝《こうしゅしゅくほう》、隋の文帝《ぶんてい》と煬帝《ようだい》(晋王楊広《しんおうようこう》)をさす。

〈注24〉【奈良の七大寺】奈良(南都《なんと》)の中心的な七つの寺。諸説あるが、一般には、東大《とうだい》寺《じ》・興福寺《こうふくじ》・元興寺《がんごうじ》・大安寺《だいあんじ》・薬師寺《やくしじ》・西大寺《さいだいじ》・法隆寺《ほうりゅうじ》の七カ寺を指す。これらの寺は、奈良時代までに伝わり国家に公認されていた仏教学派(南都六宗《ろくしゅう》)を研究している中心的な場所だった。

〈注25〉【桓武天皇《かんむてんのう》から嵯峨天皇《さがてんのう》までの賢明《けんめい》な君主たち】 桓武天皇（七三七年〜八〇六年）は第五十代天皇。光仁天皇《こうにんてんのう》の第一皇子。律令政治《りつりょうせいじ》を立て直すため、長岡京《ながおかきょう》、平安京《へいあんきょう》への遷都《せんと》を行った。

嵯峨天皇《さがてんのう》（七八六年〜八四二年）は第五十二代天皇。桓武天皇《かんむてんのう》の第二皇子。即位に際して、前帝の平城天皇《へいぜいてんのう》（七七四年〜八二四年）の寵妃《ちょうひ》・藤原薬子《ふじわらのくすこ》が企てた謀叛《むほん》（薬子の乱《らん》）を平定し、律令政治《りつりょうせいじ》の改革《かいかく》を行った。

伝教大師《でんぎょうだいし》は生涯にわたり、桓武天皇《かんむてんのう》、その第一皇子・平城天皇《へいぜいてんのう》、第二皇子・嵯峨天皇《さがてんのう》の帰依《きえ》を受けた。天台《てんだい》教学の興隆《こうりゅう》を望む桓武天皇の意向を受けて入唐《にっとう》して天台学を究め、帰朝後に日本天台宗が国家的に公認された。嵯峨天皇の時代には、伝教《でんぎょう》の没後すぐに大乗戒《だいじょうかい》壇設立《だんせつりつ》の許可《きょか》が下りている。

第22段　経文との符合《ふごう》を明《あ》かす

（御書二〇二ジペー八行目～二〇三ジペー十行目）

大聖人の御境涯《ごきょうがい》を示す「忍難《にんなん》」と「慈悲《じひ》」

それ故、私の法華経に対する理解は、天台《てんだい》や伝教《でんぎょう》の千万分の一にも及《およ》ばないけれども、難《なん》を耐え忍び慈悲《じひ》がすぐれていることは、実に恐縮するほどである〈注1〉。

必ず神々のご配慮を受けるはずだと思うのだが、何の兆《きざ》しもない。それどころか、ますます重い刑《けい》に処《しょ》せられている。逆にこれらのことからおしはかると、この私は法華経の行者《ぎょうじゃ》ではないのか。さらには、天の神々がこの国を捨て去ってしまったのか。あれやこれや疑《うたが》わしい。

忍難《にんなん》の振る舞いと経文が符合《ふごう》

しかし、法華経第五巻の勧持品《かんじほん》の二十行の偈《げ》〈注2〉についていえば、もしこの私のような者でもこの国に生まれていなければ、釈尊《しゃくそん》は大うそつきの人になってしまうところであり、この偈を説《と》いた八十万億那由他《はちじゅうまんのくなゆた》という無数の菩薩《ぼさつ》たちは、提婆達多《だいばだった》〈注3〉が人々を騙《だま》した罪《つみ》と同罪《どうざい》となるにちがいない。

その二十行の偈《げ》には「智慧《ちえ》のない人々が非難《ひなん》し、ののしり、刀や棒《ぼう》で打ち、瓦礫《がれき》を投げつけるだろう」〈注4〉とある。

今の時代を見ると、私以外の僧侶《そうりょ》の中で、法華経を理由として人々から悪口《わるくち》を言われ、ののしられ、刀や棒《ぼう》などで打たれた者が誰かいるだろうか。もし私がいなければ、この一偈《いちげ》に示された未来の予言は偽《いつわ》りの言葉になってしまう。

また「悪い時代の僧は正しい智慧《ちえ》がなく、人に媚《こ》びて自分の心を曲《ま》げて迎合《げいごう》し」とあり、さらに「在家《ざいけ》の人々のために法を説《と》く。世間から厚《あつ》く敬《うやま》われるさまは、まるで六種の神通力《じんずうりき》を得《え》た阿羅漢《あらかん》〈注5〉のようである」とある。

これらの経文について言えば、もし今の時代の念仏者《ねんぶつしゃ》や禅宗《ぜんしゅう》・律宗《りっしゅう》〈注6〉などの僧がいなかったなら、釈尊《しゃくそん》はまたしても大うそつきの人となる。

さらに「常《つね》に人々の中で、(中略)国王や大臣、バラモンや家長《かちょう》に向かって法華経の行者《ぎょうじゃ》を誹謗《ひぼう》する」とも説《と》かれている。

もし今の時代の僧たちが私を無実の罪で訴《うった》えて流罪《るざい》にしなかったなら、この経文は言葉だけで内実がないものである。

また「数数見擯出《さくさくけんひんずい》(たびたび追放《ついほう》されるだろう)」とあるが、もし私が法華経のために何度も流罪《るざい》されなかったなら、「数数《さくさく》(たびたび)」の二字はどうするのか。この二字は、天台《てんだい》や伝教《でんぎょう》も身《み》で読まれたことはなかった。まして他の人々は言うまでもない。

末法《まっぽう》の初めである証拠に、「恐《おそ》ろしいことに満ちた悪い時代に」(勧持品《かんじほん》)との仏の言葉が符合《ふごう》するので、私一人だけがこの二字を身《み》で読んだのである。

釈尊《しゃくそん》の予言《よげん》を証明した大聖人

同様の例を挙げると、釈尊《しゃくそん》が付法蔵経《ふほうぞうきょう》〈注7〉で予言して「私が亡《な》くなってから百年後に、アショーカ大王〈注8〉という王が出現《しゅつげん》するだろう」といった。摩耶経《まやきょう》〈注9〉には「私が亡《な》くなってから六百年後に竜樹菩薩《りゅうじゅぼさつ》という人が南インドに出現《しゅつげん》するだろう」とある。大悲経《だいひきょう》〈注10〉には「私が亡《な》くなってから六十年後に末田地《までんじ》〈注11〉という者が、大地を竜宮《りゅうぐう》のある湖《みずうみ》に築《きず》くだろう」〈注12〉とある。

これらはすべて、仏の予言の通りになった。もしそうでなければ、誰が仏の説《と》いたことに納得《なっとく》するだろうか。

ところで、その釈尊《しゃくそん》が「恐《おそ》ろしいことに満ちた悪い時代」（勧持品《かんじほん》）、「その後で、未来の時代に」（正法華経《しょうほけきょう》・勧説品《かんぜつほん》）、「終末《しゅうまつ》の時代で法が滅《ほろ》びようとする時」

（安楽行品《あんらくぎょうほん》）、「後《のち》の五百年」（薬王品《やくおうほん》）などと、正法華経・妙法蓮華経《みょうほうれんげきょう》〈注13〉で法華経流布《るふ》の時をはっきりと指定されているのである。

今の時代に、もし法華経で説《と》かれた三類《さんるい》の強敵《ごうてき》がいなければ、誰が仏の説いたことに納得《なっとく》するだろうか。もし日蓮がいなければ、誰を法華経の行者《ぎょうじゃ》として仏の言葉を支え守るのか。

中国の南三北七《なんさんほくしち》の学者や奈良の七大寺の高僧のような者たちでも、像法時代《ぞうほうじだい》の法華経の敵《てき》の内に入る。まして今の時代の禅宗《ぜんしゅう》・律宗《りっしゅう》・念仏者《ねんぶつしゃ》などは、法華経の敵であることをどうして免《まぬか》れることができるだろうか。

法華経の身読《しんどく》に無上《むじょう》の喜《よろこ》び

経文に、この私自身が完全に合致《がっち》している。すでに幕府《ばくふ》の処罰《しょばつ》を受けたのだから、ますます喜びが大きくなるのは当然である。同様の例《れい》を挙《あ》げると、小乗《しょうじょう》教《きょう》に登場する菩薩《ぼさつ》でまだ三惑《さんわく》が残《のこ》っている者〈注14〉が、「願兼於業《がんけんおごう》〈注15〉」といって、つくりたくない罪《つみ》ではあるが、父母などが地獄《じごく》に堕《お》ちて大きな苦しみを受けているのを見て、そっくりそのまま同じ業《ごう》をつくり、自《みずか》ら願って地獄に堕ちて苦しむのであるが、父母たちの苦しみを代わって受けていることを喜びとするようなものである。私の場合も同様である。現在の迫害《はくがい》は耐《た》え難《がた》いほどであるが、未来世については悪道に堕ちることを免《まぬか》れると思うと喜びである。

◇注　解◇

〈注1〉【難《なん》を耐え忍び慈悲《じひ》がすぐれていることは、実に恐縮するほどである】御書本文は「難を忍び慈悲のすぐれたる事は・をそれをも・いだきぬべし」（二〇二ページ）。「をそれをも・いだく」には、「畏怖《いふ》・恐怖《きょうふ》を感じる」という意味はなく、「恐縮《きょうしゅく》の思いさえする」との意である。

誰《だれ》が誰に対して恐縮《きょうしゅく》する思いであるかは、多様な見解があり、定まらない。「をそれをも・いだきぬべし」の句には尊敬表現《そんけいひょうげん》がないので、他で尊敬表現を用いられている天台《てんだい》・伝教《でんぎょう》が主語であるとは考えにくい。

日蓮大聖人の忍難弘通《にんなんぐつう》を見ていた当時の人々が主語だとすると、大聖人の卓越性《たくえつせい》を多くの人々が理解していたことになり、当時の人々がこぞって大聖人を軽んじ迫害《はくがい》に加わっていた状況と齟齬《そご》をきたす。

大聖人を主語と考えると「いだきぬべし」の「ぬべし」（きっと〜にちがいない）という推量表現《すいりょうひょうげん》をどのように理解するかという課題があり、「ほとんど〜するほどである」という確実性の高さを表現する意味合いと考えられる。しかし確定はできない。

ここでは「日蓮大聖人が天台《てんだい》・伝教《でんぎょう》に対して恐縮《きょうしゅく》する」との解釈を継承《けいしょう》するが、主語と目的語については明示しなかった。

〈注2〉【勧持品《かんじほん》の二十行の偈《げ》】法華経勧持品にある韻文《いんぶん》。八十万億那由他《はちじゅうまんのくなゆた》という無数の菩《ぼ》薩《さつ》たちが、釈尊《しゃくそん》が亡《な》くなった後の悪世に三類《さんるい》の強敵《ごうてき》にも屈《くっ》せず法華経を受持し広めることを誓《ちか》っている。

〈注3〉【提婆達多《だいばだった》】釈尊《しゃくそん》の従兄弟《いとこ》で、最初は釈尊の弟子だったが、慢心《まんしん》を起こして敵対《てきたい》し、釈尊に種々の危害《きがい》を加えたり、教団の分裂《ぶんれつ》を企《くわだ》てた。その悪行《あくぎょう》ゆえに生きながら地獄《じごく》に堕《お》ちたという。

〈注4〉【「……刀や棒《ぼう》で打ち、瓦礫《がれき》を投げつけるだろう」】御書本文は「……刀杖《とうじょう》瓦石《がしゃく》を加《くわ》う」（二〇二㌻）。この引用箇所は、厳密《げんみつ》に言えば、「……刀や棒で打ち」までが勧持品《かんじほん》からの引用であり、「瓦礫を投げつけるだろう」は不軽品《ふきょうぼん》の内容となっている。

法華経原文で勧持品《かんじほん》の二十行の偈《げ》にあたる箇所には「刀杖《とうじょう》を加うる者《もの》有《あ》らん」（法華経四一八㌻）という文があり、不軽品《ふきょうぼん》には「杖木《じょうもく》・瓦石《がしゃく》を以《もっ》て、之《これ》を打擲《ちょうちゃく》すれば」（法華経五五八㌻）とある。

〈注5〉【六種の神通力《じんずうりき》を得《え》た阿羅漢《あらかん》】六種類の神通力を成就《じょうじゅ》している声聞《しょうもん》の最高の位の仏道修行者。

〈注6〉【禅宗《ぜんしゅう》・律宗《りっしゅう》】禅宗は、座禅《ざぜん》によって覚りが得られると主張する宗派。中国の菩提《ぼだい》達磨《だるま》を祖とし、中国・唐《とう》以後に盛んになり、多くの派が生まれた。日本には奈良時代に伝えられたが伝承《でんしょう》が途絶え、平安時代末期にいたって大日能忍《だいにちのうにん》や栄西《えいさい》によって宗派として樹立された。日蓮大聖人の時代には、大日能忍の日本達磨宗《だるましゅう》が隆盛《りゅうせい》し、栄西や渡来僧《とらいそう》・蘭渓《らんけい》道隆《どうりゅう》によって伝えられた臨済宗《りんざいしゅう》の禅《ぜん》が広まっていた。

律宗《りっしゅう》とは、ここでは、奈良時代に鑑真《がんじん》によって伝えられた律宗ではなく、鎌倉《かまくら》時代に叡《えい》尊《ぞん》や覚盛《かくじょう》によって新たに樹立された律宗のこと。叡尊や覚盛は、戒律《かいりつ》が衰退《すいたい》しているのを嘆き、当時も機能していた東大寺戒壇《とうだいじかいだん》とは別《べつ》に、独自に授戒《じゅかい》を行い、律にもとづいて生活する教団を形成した。これを奈良で伝承されてきた律宗とは区別して、新義律宗《しんぎりっしゅう》と呼ぶ。叡尊《えいぞん》は覚盛《かくじょう》と袂《たもと》を分かち、西大寺《さいだいじ》の再興を図り、真言宗《しんごんしゅう》の西大寺流《さいだいじりゅう》として活動した。そこから、真言律宗《しんごんりっしゅう》と呼ばれる。

〈注7〉【付法蔵経《ふほうぞうきょう》】『付法蔵因縁伝《ふほうぞういんねんでん》』のこと。六巻。中国・北魏《ほくぎ》の吉伽夜《きっかや》・曇曜《どんよう》による共訳。釈尊《しゃくそん》の付嘱を受けて正法《しょうほう》千年の間に出現し仏法を広めた後継者《こうけいしゃ》（付法蔵《ふほうぞう》）二十三人の事跡が記されている。なお、『摩訶止観《まかしかん》』は末田地《までんじ》を加えて二十四人ともする。

〈注8〉【アショーカ大王】インドを統一したマウリヤ朝の第三代の王。生没年不詳。在位は紀元前二六八年〜紀元前二三二年ごろとされる。治世《ちせい》の後半、仏教を保護し平和政策を進めた。

〈注9〉【摩耶経《まやきょう》】摩訶摩耶経《まかまやきょう》のこと。中国・南斉《なんせい》の曇景《どんけい》の訳。二巻。釈尊《しゃくそん》が生母である摩《ま》耶《や》夫人《ふじん》の恩を報ずるために忉利天《とうりてん》に上って説《と》いたとされる。後半では、釈尊滅後《めつご》千五百年までの法を広める人の出世年代・事跡などが記されている。

　竜樹《りゅうじゅ》の出現する年数について、御書本文では「我が滅後《めつご》・六百年に竜樹菩薩《ぼさつ》という人・南天竺《なんてんじく》に出ずべし」（二〇三㌻）とされ、摩耶経《まやきょう》の原文「七百歳巳。有一比丘名曰龍樹」とは異なる。これは、流罪中の経典に乏しい状況下で執筆されたからであると考えられる。一方、身延《みのぶ》で執筆された「報恩抄《ほうおんしょう》」では「正《まさし》く摩耶経には六百年に馬鳴《めみょう》出《い》で七百年に竜樹《りゅうじゅ》出《い》でんと説《と》かれて候《そうろう》」（御書三二七㌻）と、経文どおりの記述とされている。

〈注10〉【大悲経《だいひきょう》】中国・北斉《ほくせい》の那連提耶舎《なれんだいやしゃ》の訳。大悲華経《だいひけきょう》ともいう。五巻。仏が涅槃《ねはん》の際に梵天《ぼんてん》・帝釈《たいしゃく》・迦葉《かしょう》・阿難《あなん》などに法を付嘱《ふぞく》し、滅後の正法護持者《しょうほうごじしゃ》を予言している。

〈注11〉【末田地《までんじ》】サンスクリット名のマディヤーンティカの音写。付法蔵《ふほうぞう》の第三。釈尊滅《しゃくそんめつ》後《ご》五十年ごろ現《あらわ》れ、阿難《あなん》の弟子となり、のち付嘱を受けて、罽賓国《けいひんこく》（カシュミール）に行き、竜王《りゅうおう》を教化して仏法を大いに広めたとされる。

〈注12〉【大悲経《だいひきょう》には「私が……築くだろう」】大悲経には、北インドのカシュミールの川に竜《りゅう》が住んでいたが末田地《までんじ》が神通力《じんずうりき》で退治《たいじ》したので、人々が住めるようになって伽藍《がらん》を建てたという話が記されている。

　また玄奘《げんじょう》の『大唐西域記《だいとうさいいきき》』には、カシュミールはもともと竜《りゅう》の住む湖《みずうみ》であったが、末田《までん》地《じ》が神通力《じんずうりき》で大地としたという逸話《いつわ》が記されている。

〈注13〉【正法華経《しょうほけきょう》・妙法蓮華経《みょうほうれんげきょう》】いずれも法華経の漢訳。正法華経《しょうほけきょう》は、西晋《せいしん》の時代（二八六年）、竺法護《じくほうご》の訳。妙法蓮華経は、後秦《こうしん》の時代（四〇六年）、鳩摩羅什《くまらじゅう》の訳《やく》。

〈注14〉【小乗教《しょうじょうきょう》に登場する菩薩《ぼさつ》でまだ三惑《さんわく》が残っている者】御書本文は「小乗の菩薩の未《み》断惑《だんわく》なる」（二〇三㌻）。「小乗の菩薩」とは、天台大師《てんだいだいし》が立てた七つの方便《ほうべん》の修行の位《くらい》の一つ。小乗と位置づけられる三蔵教《さんぞうきょう》の阿含経典《あごんきょうてん》に説かれている菩薩。仏道修行では、見思《けんじ》惑《わく》・塵沙惑《じんじゃわく》・無明惑《むみょうわく》という三惑《さんわく》のうち見思惑を最初に断じていくが、この菩薩はその見思惑もまだ断じていず、凡夫《ぼんぷ》に等しいものとされる。

〈注15〉【願兼於業《がんけんおごう》】悪道・悪世に苦しむ人を救《すく》うため、自《みずか》ら願《ねが》って悪道・悪世に生まれてくること。妙楽大師《みょうらくだいし》の『法華文句記《ほっけもんぐき》』の文。願は願生《がんしょう》、業は業生《ごっしょう》のこと。業生とは過去世《かこせ》の罪業によって今世《こんぜ》に生まれてくることであり、願生とは衆生救済《しゅじょうきゅうさい》・仏法弘通《ぐつう》の誓願《せいがん》によって、目指す世に生まれてくること。法華経法師品《ほっしほん》第十には、菩薩《ぼさつ》がすでに積んだ仏道修《ぶつどうしゅ》行の功徳《くどく》によって善処《ぜんしょ》に生まれてくるところを、民衆救済《みんしゅうきゅうさい》のために願って悪世に生まれ、苦悩する民衆の中で仏法を弘通《ぐつう》することが説《と》かれている。

第23段　疑問を挙《あ》げて真の法華経の行者《ぎょうじゃ》を示す

（御書二〇三ページ十一行目〜十四行目）

"神々の守護《しゅご》がなぜないのか"との疑問

そうは言うものの、世間の疑問でもあり、自分の心の中での疑問でもあるのだが、どうして天の神々は私をお助けにならないのか。

天の神々をはじめとする守護《しゅご》の神々は、仏の前で、法華経の行者《ぎょうじゃ》を守護すると誓願《せいがん》している。法華経の行者に対しては、たとえ見かけばかりであっても〈注1〉、法華経の行者とたたえて、速やかに仏の前で行《おこな》った誓願を遂《と》げようと思うはずなのに、そうしたことがないのは、この私が法華経の行者ではないのだろうか。

この疑《うたが》いは、この書の肝心《かんじん》であり、私の一生の重大事であるので、この後も何度もこの疑いを記すだけでなく、疑いをますます強くして答えを用意しよう。

◇注　解◇

〈注1〉【たとえ見かけばかりであっても】御書本文は「さるになりとも」（二〇三ジペー）。「さるに」とは「猿似《さるに》」で、「猿《さる》はみかけは人に似《に》ているが中身が違うように、みかけだけ似ているもの」という意味。

第24段　二乗《にじょう》は法華経の深い恩《おん》を報《ほう》ずべき

（御書一二〇三ページ十五行目～一二〇五ページ五行目）

賢人《けんじん》・畜生《ちくしょう》の報恩《ほうおん》の諸例を挙《あ》げる

呉国《ごこく》の王子である季札《きさつ》〈注1〉という者は、心に誓った約束に背《そむ》くまいと、呉国の王の大事な宝《たから》である剣《つるぎ》を、徐国《じょこく》の王の墓《はか》に生《は》えていた木に掛《か》けた。王寿《おうじゅ》〈注2〉という人は川の水を飲んだ代金として金貨《きんか》を水に投げ入れ、弘演《こうえん》という人は自分の腹《はら》を裂《さ》いて主君の肝《きも》を入《い》れた。これらの人々は賢人《けんじん》である。恩《おん》に報《むく》いているのである。

まして舎利弗《しゃりほつ》・迦葉《かしょう》らといった偉大な聖人《しょうにん》たちは、二百五十の出家教団の規則や三千とも言われるほど多くの作法《さほう》を一つも欠《か》かすことなく守り、見惑《けんわく》・思《し》惑《わく》が完全になくなり、この欲界《よっかい》・色界《しきかい》・無色界《むしきかい》という三つからなる輪廻《りんね》の世界(三界《さんがい》)を離れた聖人である。梵天《ぼんてん》・帝釈天《たいしゃくてん》〈注3〉、その他の天の神々を導《みちび》く師であり、あらゆる衆生《しゅじょう》にとって眼《まなこ》に当たる重要な存在である。

それでも、四十年余《あま》りの間、「決して成仏《じょうぶつ》できない」と嫌《きら》われ、捨《す》て去られていたが、法華経という不死《ふし》の良薬《りょうやく》をのんで、火で煎《い》った種《たね》が芽《め》を出し、割れた石が元通り一つに合わさり、枯《か》れた木に花が咲《さ》いて実がなったりするように、未来に仏に成《な》るだろうと許された。とはいえ、今はまだ、仏の一生に起こる八つの出来事〈注4〉も起こっていない。どうして法華経から受けた大きな恩《おん》に報《むく》いないことがあるだろうか。もし恩に報いないなら、先に述べた中国の賢人《けんじん》たちにも劣《おと》り、恩知らずの畜生《ちくしょう》であるにちがいない。

毛宝《もうほう》に助けられた亀《かめ》〈注5〉は、毛宝《もうほう》の衣服《いふく》と引き換えに命を救《すく》われた恩《おん》を忘れなかった。昆明池《こんめいち》の大魚《たいぎょ》〈注6〉は漢《かん》の武帝《ぶてい》に命を助けられた恩に報《むく》いようと、光り輝く珠《たま》を夜中になって献上《けんじょう》した。人間以外の動物でも恩に報いる。ましてや偉大な聖人《しょうにん》が恩に報いないはずがない。

法華経の力《ちから》で成道《じょうどう》した声聞《しょうもん》ら

阿難尊者《あなんそんじゃ》は斛飯王《こくぼんのう》〈注7〉の次男であり、羅睺羅尊者《らごらそんじゃ》は浄飯王《じょうぼんのう》の孫である。二人とも人としては家柄が良いうえに、声聞の覚《さと》りを得《え》た身〈注8〉となって、そのためかえって成仏《じょうぶつ》できないとされていたが、八年にわたる霊鷲山《りょうじゅせん》〈注9〉での法華経の説法の場で、（未来世の成仏が約束され）それぞれ山海慧《せんがいえ》、蹈七宝華《とうしっぽうけ》などと仏としての名を授《さず》けられた。もし法華経がなければ、どのように家柄が良く、偉大な聖人《しょうにん》だったとしても、誰が尊敬しただろうか。

夏《か》の桀王《けつおう》や殷《いん》の紂王《ちゅうおう》〈注10〉というのは天下を治《おさ》める君主《くんしゅ》であり、民衆のよりどころとなるはずの立場であった。しかし、悪政《あくせい》を行って王朝を滅亡《めつぼう》させたので、今でも悪い者の手本として、「桀《けっ》・紂《ちゅう》、桀《けっ》・紂《ちゅう》」と言われている。身分の賤《いや》しい者や（当時差別されていた）癩病《らいびょう》〈注11〉の者でも、「お前は桀《けつ》・紂《ちゅう》のようだ」と、言われたなら、悪口《わるくち》を言われたと思って腹を立てる。

阿羅漢《あらかん》である千二百人の声聞《しょうもん》たちと、まだ阿羅漢になっていない者を含む数え切れないほどの声聞たちは、もし法華経がなかったら、誰もその名前さえ聞こうとしなかっただろうし、その呼び方をも学ぼうとしなかっただろう。もし千人の声聞がすべての経を収集したとしても、それらの経典を見る人は万が一にもいないだろう。ましてこれらの人々の姿を絵像《えぞう》や木像《もくぞう》に表して、本尊《ほんぞん》と仰《あお》ぐだろうか。これは、すべての阿羅漢たちが人々の帰依《きえ》をお受けになっているのは他でもなく法華経の力《ちから》によるということである。

もし声聞《しょうもん》たちが法華経からお離れになったら、魚が水から離《はな》れ、猿《さる》が木から離れ、乳《ち》飲《の》み子《ご》が乳《ちち》から離れ、民衆《みんしゅう》が王から離れているようなものである。このように法華経に大恩《だいおん》ある声聞たちが、どうして法華経の行者《ぎょうじゃ》をお捨《す》てになるだろうか。

法華経の行者《ぎょうじゃ》を知見《ちけん》する五眼《ごげん》の働き

声聞《しょうもん》たちは、醍醐味《だいごみ》〈注12〉である法華経以前の諸経では、肉眼《にくげん》〈注13〉に加えて天眼《てんげん》・慧眼《えげん》〈注13〉を得《え》た。法華経にいたって法眼《ほうげん》・仏眼《ぶつげん》〈注13〉までそろったのである。十方《じっぽう》の世界でも見通されるだろう。まして、この娑婆世界《しゃばせかい》〈注14〉の中であるのに、法華経の行者《ぎょうじゃ》をご存じないことがあるだろうか。仮に私・日蓮が悪人であり、一言二言《いちごんにごん》、一年二年、一劫二劫《こう》、さらには、それ以上百千万億劫《ひゃくせんまんのっこう》にいたるまで、これらの声聞に悪口《わるくち》を言い罵倒《ばとう》し、刀や棒《ぼう》で危害《きがい》を加えるように見えたとしても、もし法華経を信仰している行者でさえあるなら、これらの声聞がお捨《す》てになることはありえない。

譬《たと》えて言えば、幼《おさな》い子どもが父母をののしったとしても、父母はこの子を捨《す》てるだろうか。フクロウは成長すると母を食べるが、母は子を捨てない。破鏡《はけい》という獣《けもの》は成長すると父を殺す〈注15〉が、父はそれに逆《さか》らわない。人間以外の動物でもこのとおりである。偉大な聖人《しょうにん》が法華経の行者《ぎょうじゃ》を捨てることがあるだろうか。

釈尊《しゃくそん》の大恩《だいおん》に報《ほう》ずることを誓《ちか》った言葉

それ故、四人の偉大《いだい》な声聞《しょうもん》たち〈注16〉が二乗作仏《にじょうさぶつ》の教えを理解したことを述べた文には次のようにある。

「私たちは今は、真実の意味で声聞《しょうもん》です。仏の覚《さと》りの声をすべての衆生《しゅじょう》に聞かせましょう。私たちは今は、真実の意味で阿羅漢《あらかん》すなわち供養《くよう》に値《あたい》する人です。全世界の神々・人々・魔《ま》・梵天《ぼんてん》たちすべてから、供養を受けるにふさわしい。

私たちは釈尊《しゃくそん》に大恩《だいおん》があります。本当にありがたいことに、私たちを憐《あわ》れみ教化《きょうけ》して、利益《りやく》をもたらしてくださいました。計り知れないほどの長い時間をかけても、その大恩《だいおん》に報《むく》いることのできる者がいるでしょうか。

手足を使ってお仕《つか》えし、頭を地につけて礼拝《らいはい》し、あらゆるものを供養《くよう》したとしても、いずれにせよその御恩《ごおん》に報《むく》いることはできません。そのお足元で頭を地につけ、両肩《りょうかた》を地につけて礼拝し、ガンジス川の砂《すな》の数ほどの劫《こう》の間、心を尽くして厚《あつ》く敬《うやま》ったとしても、また、おいしい食べ物、数え切れないほどの宝《ほう》石《せき》で飾られた衣《ころも》、寝具《しんぐ》、種々の薬《くすり》を供養したり、牛頭《ごず》山産《せんさん》の最高の栴檀《せんだん》の木〈注17〉や多くの珍《めずら》しい宝石で仏塔《ぶっとう》を建《た》て、宝石で飾られた衣を地に敷《し》くといった、さまざまな供養を、ガンジス川の砂の数ほどの劫《こう》の間、行《おこな》ったとしても、その恩《おん》に報《むく》いることはできません」（信解品《しんげほん》）と。

◇注　解◇

〈注1〉【季札《きさつ》】中国・春秋《しゅんじゅう》時代の呉国《ごこく》の王子。北方への使いの折、徐国《じょこく》を通ったが、その王が季札のもつ剣《つるぎ》を望んでいたことを察し、帰路に献上しようとしたところ、既に亡《な》くなっていたので、その墓にその剣をささげた。

〈注2〉【王寿《おうじゅ》】古代中国の人か。詳細不明。「祈禱抄《きとうしょう》」（御書一三四五ジペー）では、これを王《おう》尹《いん》の故事《こじ》として挙《あ》げられている。

〈注3〉【帝釈天《たいしゃくてん》】古代インドの神話において、雷神《らいじん》で天帝《てんてい》とされるインドラのこと。帝釈天は天帝である釈《しゃく》（シャクラ）という神の意。仏法を守護《しゅご》する諸天善神《しょてんぜんじん》とされる。

〈注4〉【仏の一生に起こる八つの出来事】①下天《げてん》（兜率天《とそつてん》から条件が整ったことを感じて降りること）②託胎《たくたい》（受胎《じゅたい》）③出胎《しゅったい》（誕生《たんじょう》）④出家《しゅっけ》⑤降魔《ごうま》（魔を打ち破ること）⑥成道《じょうどう》（覚《さと》りを開くこと）⑦転法輪《てんぼうりん》（説法を行うこと）⑧入涅槃《にゅうねはん》（亡《な》くなって完全な平安な境地《きょうち》に至ること）。

舎利弗《しゃりほつ》ら記別《きべつ》を受けた声聞《しょうもん》たちは、成仏《じょうぶつ》の時が来て自身の国土に誕生し、これら八つの出来事を行ってしまえば、そこから離れて娑婆世界《しゃばせかい》の法華経弘通《ぐつう》を応援することはできない。しかしここでは、まだその成仏の時が来ていず、菩薩道《ぼさつどう》の修行をしている時期なので、法華経の行者《ぎょうじゃ》を守護《しゅご》できるはずである、と述べられている。
〈注5〉**【毛宝《もうほう》に助けられた亀《かめ》】**『古注蒙求《こちゅうもうぎゅう》』に引かれる『捜神記《そうじんき》』によると、毛宝はかつて漁師に釣《つ》られた亀を買い取って川に放してやったが、石虎将軍《せっこしょうぐん》と戦った時に敗《やぶ》れて川に身を投げたところ、その亀が助けて岸に運んだという。
〈注6〉**【昆明池《こんめいち》の大魚《たいぎょ》】**中国の伝説。漢《かん》の武帝《ぶてい》が昆明池（武帝が水戦《すいせん》の演習のために都《みやこ》の長安《ちょうあん》〈西安《せいあん》〉に造った大池）で大魚を釣《つ》ったが、糸が切れて逃げてしまった。すると、その魚は武帝の夢の中に現れて、釣り針《ばり》をのみこんで苦しいから、はずしてほしいと懇願した。その翌日、武帝が昆明池に行ってみると、はたして釣り針をのんでいる大魚を発見し、釣り針を取り除いて池に放してやった。後に武帝はその報《むく》いで明珠《めいしゅ》を手に入れたという。
〈注7〉**【斛飯王《こくぼんのう》】**釈尊《しゃくそん》の叔父《おじ》。提婆達多《だいばだった》と阿難《あなん》の父とされる。
〈注8〉**【声聞《しょうもん》の覚《さと》りを得《え》た身】**声聞としての覚りを得て、生死の輪廻《りんね》から離れることはできたが、身も心も滅してしまうことになるので、成仏することができなくなる。
〈注9〉**【霊鷲山《りょうじゅせん》】**古代インドのマガダ国の都ラージャグリハ（王舎城《おうしゃじょう》）の東北にある岩山であるグリドゥラクータのこと。法華経の説法が行われたとされる。
〈注10〉**【夏《か》の桀王《けつおう》や殷《いん》の紂王《ちゅうおう》】**中国古代の王朝の夏《か》の最後の王である桀《けつ》と、それに続く王朝の殷（商《しょう》）の最後の王である紂。いずれも悪政を行って滅ぼされた。

〈注11〉【癩病《らいびょう》】重い皮膚病。不治《ふじ》の病《やまい》として恐れられ、患者《かんじゃ》は厳しい差別《さべつ》を受けた。

〈注12〉【醍醐味《だいごみ》】釈尊《しゃくそん》の教えの高低浅深《こうていせんじん》を、牛乳を精製する五つの過程の味に譬えて分類したものを五味《ごみ》というが、醍醐《だいご》はその中で最高に位置する。五味は、①乳味《にゅうみ》（牛乳そのもの）②酪味《らくみ》（発酵乳《はっこうにゅう》、ヨーグルトの類《たぐい》）③生蘇味《しょうそみ》（サワークリームの類）④熟蘇味《じゅくそみ》（発酵《はっこう》バターの類）⑤醍醐味《だいごみ》（バターオイルの類）。

〈注13〉【肉眼《にくげん》・天眼《てんげん》・慧眼《えげん》・法眼《ほうげん》・仏眼《ぶつげん》】肉眼は普通の人の目、天眼は神々の目で昼夜遠近を問わず見えるという。慧眼は二乗《にじょう》の目で、空《くう》の法理《ほうり》に基づいて物事を判断できるという。法眼は菩薩の目で、衆生を救済するための智慧《ちえ》を発揮《はっき》するという。仏眼は仏の目で、仏の最高の智慧《ちえ》を発揮《はっき》する。

〈注14〉【娑婆世界《しゃばせかい》】娑婆はサンスクリットのサハーの音写で「堪忍《かんにん》」などと訳される。迷《まよ》いと苦難に満ちていて、それを堪《た》え忍《しの》ばなければならない世界、すなわちわれわれが住むこの現実世界のこと。

〈注15〉【フクロウは……破鏡《はけい》という獣《けもの》は……】フクロウ（梟鳥《きょうちょう》）と破鏡はともに古代中国で不孝《ふこう》の生き物とされた。梟《ふくろう》は母を食うとされ、破鏡は想像上の獣で、獍《けい》ともいい、父を食うとされた。

〈注16〉【四人の偉大《いだい》な声聞《しょうもん》たち】須菩提《しゅぼだい》・摩訶迦旃延《まかかせんねん》・摩訶迦葉《まかかしょう》・摩訶目犍連《まかもっけんれん》の四人。

〈注17〉【牛頭山《ごずせんさん》産の最高の栴檀《せんだん》の木】牛頭山（南インドのマラヤ山脈）に生ずる栴檀。

仏典にみえる栴檀とはビャクダン科の白檀《びゃくだん》のことで、インド原産の香木《こうぼく》。高さ七〜一〇メートルに達する常緑高木で半寄生《はんきせい》生活をする。香気《こうき》を発し腐《くさ》らないので、仏像《ぶつぞう》・仏具《ぶつぐ》などの材料や、医薬・香油《こうゆ》の原料として使われる。

第25段　二乗《にじょう》の守護《しゅご》がないと疑《うたが》う

（御書二〇五ジペー六行目〜二〇七ジペー九行目）

爾前経《にぜんきょう》では強く叱責《しっせき》された声聞《しょうもん》たち

声聞《しょうもん》たちは、醍醐味《だいごみ》である法華経より前に説かれた四味《しみ》〈注1〉の諸経で、釈尊《しゃくそん》からどれほど多くの叱責《しっせき》を受けたことか。人々や神々など大勢の聴衆《ちょうしゅう》が集まった説法の場で恥《は》ずかしい目にあうことは、数え切れないほどだった。それ故、在家の菩薩《ぼさつ》の維摩詰《ゆいまきつ》から大乗《だいじょう》の教えを聞いた迦葉尊者《かしょうそんじゃ》の泣き声は三千世界《さんぜんせかい》に響《ひび》きわたり、須菩提尊者《しゅぼだいそんじゃ》は、維摩詰の説《と》いた教えを理解できず、持っていた鉢《はち》も忘れて立ち去ろうとした〈注2〉。釈尊から叱責《しっせき》を受け、舎利弗《しゃりほつ》は食べた物を吐き出した〈注3〉。富楼那《ふるな》は維摩詰《ゆいまきつ》から「あなたの説法は聴衆《ちょうしゅう》の関心に合っておらず、絵付《えつ》けされた瓶《かめ》に糞《ふん》を入れるようなものだ」と批判された。

釈尊《しゃくそん》は鹿野苑《ろくやおん》〈注4〉では阿含経《あごんぎょう》を賛嘆《さんたん》し、「二百五十の出家教団の規則を師としなさい」などと心から称賛していたのに、今度はいつの間にか自《みずか》らが説《と》いたことをこれほど非難している。このことからすると、前に言ったことと後に言ったことが相違しているという過失《かしつ》があると言われても仕方ない。

釈尊《しゃくそん》から糾弾《きゅうだん》された提婆達多《だいばだった》の例

同様の例を挙げると、釈尊《しゃくそん》が教団の指導者の立場を譲《ゆず》るよう要求した提婆達多《だいばだった》を「お前は愚《おろ》か者《もの》だ。人の唾《つば》を飲み込んだではないか〈注5〉」と罵倒《ばとう》したので、提婆達多は、毒矢《どくや》が胸に刺《さ》さったように思い、恨《うら》んで次のように言った。

「瞿曇《くどん》（ゴータマ、釈尊《しゃくそん》のこと）は仏ではない。私は斛飯王《こくぼんのう》の跡《あと》を継ぐべき子であり、阿難尊者《あなんそんじゃ》の兄であり、瞿曇の一族である。

どんなに間違ったことがあったとしてもそっと注意するのが妥当《だとう》である。これほどの人々や神々が集まった説法の場で、これほどの大きな罪を実際に面と向かって言う者が、偉大《いだい》な人や仏と呼ばれる人の中にいるだろうか。

過去には妻にしたいと思っていたヤショーダラーを取られた敵《てき》であり、今は教団の指導者の地位を要求したのを拒否《きょひ》された敵《てき》である。今日からは生まれ変わるたびに、大怨敵《だいおんてき》となろう」と誓ったのである。

出家前は高貴富裕《こうきふゆう》だった声聞《しょうもん》たち

このことから考えると、今の偉大《いだい》な声聞《しょうもん》たちは、もとは仏教以外の思想を実践するバラモンの家柄の出身である。また、仏教以外のさまざまな思想の指導的立場だったので、王たちの帰依《きえ》を受け、在家信者たちに尊敬された。高いカースト〈注6〉の人もいれば、多くの財産《ざいさん》をもち恵《めぐ》まれた境遇《きょうぐう》の者もいた。

ところが、それらの名誉や地位などを捨《す》てて幡《はた》のように高い慢心《まんしん》を打ち破り、在家者の着る服を脱《ぬ》いで汚《きたな》い色の袈裟《けさ》を身にまとい、白い毛の払子《ほっす》〈注7〉や弓矢などを捨《す》てて一つの鉢《はち》を手にもち、貧《まず》しい人や乞食《こじき》などのような姿で、釈尊《しゃくそん》に付き従い、雨風を防ぐ家もなく、命を支えるための衣類や食べ物も乏《とぼ》しいありさまであった。

受難と叱責《しっせき》とにうろたえた二乗《にじょう》

しかも、全インドの全領域はすべて仏教以外の思想家の弟子・信者に占められていたので、仏でさえも九つの不当な大迫害《だいはくがい》（九横《くおう》の大難《だいなん》）にあった。すなわち、提婆達多《だいばだった》が大石を投げ落としたこと、阿闍世王《あじゃせおう》が酔《よ》った象《ぞう》を放ったこと、阿耆多王《あぎたおう》〈注8〉が布施《ふせ》を行わなかったため馬の麦《むぎ》を食べざるを得なかったこと、バラモン城《じょう》では腐《くさ》った米のとぎ汁《じる》の供養《くよう》を受けてバラモンから謗《そし》られたこと、旃遮《せんしゃ》というバラモンの女が鉢《はち》を腹にとりつけて釈尊《しゃくそん》の子を妊娠《にんしん》したとうそをついたことなどである。

まして釈尊《しゃくそん》が教化《きょうけ》した弟子たちが、数々の難を受けたことは言い尽くせないほどである。計り知れないほど多くの釈迦族《しゃかぞく》の人々が波瑠璃王《はるりおう》〈注9〉に殺された。釈尊に付き従う千万人もの人々が酔《よ》った象《ぞう》に踏《ふ》み殺された。華色比丘尼《けしきびくに》〈注10〉は提婆達多《だいばだった》に殺害《さつがい》され、迦盧提尊者《かるだいそんじゃ》は馬糞《ばふん》にうずめられ〈注11〉、目連尊者《もくれんそんじゃ》は竹杖外道《ちくじょうげどう》に殺害《さつがい》された〈注12〉。

その上、六師外道《ろくしげどう》は団結して、阿闍世王《あじゃせおう》・波斯匿王《はしのくおう》〈注13〉らに対し釈尊《しゃくそん》を陥《おとしい》れるため、次のように事実を偽《いつわ》って訴えた。

「瞿曇《くどん》はこの世界で第一の大悪人です。彼が行く所にはその前ぶれとして三《さん》災七難《さいしちなん》〈注14〉をはじめとするさまざまな災難が起こります。

大海に多くの川が集まり、大山に多くの木々が集まっているようなもので、瞿曇《くどん》の所には多くの悪人が集まっています。すなわち、迦葉《かしょう》・舎利弗《しゃりほつ》・目連《もくれん》・須菩提《しゅぼだい》らです。

人間として生を受けたのなら、王への忠誠《ちゅうせい》と親への孝行《こうこう》を第一としなければなりません。彼らは瞿曇《くどん》にだまされて、父母の戒《いまし》めをも聞かずに出家し、国家の命令にも背《そむ》いて、山林で修行しています。国にこのまま住み続けてよい者たちではありません。

それ故《ゆえ》、天上では太陽や月や星々に異変《いへん》が生じ、地上では多くの災難《さいなん》が盛《さか》んに起きているのです」と。

彼ら声聞《しょうもん》たちは、以上のことだけでも耐えられるとは思えなかったのに、さらに重ねて悪いことには、釈尊《しゃくそん》に付き従うのも困難《こんなん》だったのである。人々や神々など大勢の聴衆《ちょうしゅう》が集まった説法の場で、そのたびに釈尊《しゃくそん》に叱責《しっせき》されたので、どうすればよいのかわからなかった。ただうろたえるばかりであった。

声聞《しょうもん》への供養《くよう》を制止した釈尊《しゃくそん》

その上、大いなる大難の第一であったのは、浄名経《じょうみょうきょう》（維摩経《ゆいまきょう》）の「もしあなたに布施《ふせ》をしても、あなたは布施をしてくれた人に幸福をもたらす田畑ではない。むしろ、あなたに供養《くよう》すれば三悪道《さんあくどう》に堕《お》ちる」という言葉である。

この文の趣旨《しゅし》は、仏が菴羅苑《あんらおん》〈注15〉という所にいらっしゃった時に、梵《ぼん》天《てん》・帝釈天《たいしゃくてん》・日天《にってん》・月天《がってん》・四天王《してんのう》や、その他の三界《さんがい》の天の神・地の神・竜神《りゅうじん》など、ガンジス川の砂《すな》のように数えきれないほどの衆生《しゅじょう》が集まった説法《せっぽう》の場で、「須菩提《しゅぼだい》をはじめとする出家者《しゅっけしゃ》たちを供養《くよう》する神々や人々は三悪道《さんあくどう》に堕《お》ちる」と言ったのである。

これを耳にした神々や人々が、これらの声聞《しょうもん》たちを供養《くよう》するだろうか。要するに、釈尊《しゃくそん》ご自身のお言葉によって二乗《にじょう》たちを殺害《さつがい》なさるのかと思われる。心ある人々はそんなことをする釈尊からも遠ざかったにちがいない。それで、これらの二乗たちは、人々が釈尊に供養したときに、一緒に供養を受け、かろうじて死なずにすんだのである。

それ故《ゆえ》、このことの意味を考えると、もし釈尊《しゃくそん》が、法華経以前に四十年余《あま》りにわたって説《と》かれた諸経だけを説いて、法華経を最後の八年間に説かずに、亡《な》くなられていたなら、誰がこれらの修行僧たちに供養《くよう》していただろうか。彼らはその身《み》のままで餓鬼道《がきどう》にいらっしゃることになっていただろう。

二乗《にじょう》に対する法華経の深い恩《おん》を強調

ところが、春の太陽が冬にできた氷を消し去り、無数の草についた露《つゆ》を大風が吹き落とすように、四十年余《あま》りにわたって説《と》かれた爾前経《にぜんきょう》を、「まだ真実を顕していない〔未顕真実《みけんしんじつ》〕」（無量義経《むりょうぎきょう》）と一瞬にして一言で否定した。

また、大風が黒雲を吹き散らし、大空に満月があるように、青空に太陽があるように、「仏は必《かなら》ず、長い時間を経《へ》たのちに、真実の教えを説《と》くだろう〔世《せ》尊法久後《そんほうくご》・要当説真実《ようとうせつしんじつ》〕」（方便品《ほうべんぼん》）と真実を照らし出した。

(207)

そして、華光如来《けこうにょらい》・光明如来《こうみょうにょらい》などと名を挙《あ》げて、舎利弗《しゃりほつ》・迦葉《かしょう》らが仏になった姿を、輝く太陽、明るい満月《まんげつ》のようなものとして、すばらしいお言葉ではっきりと語られ、後世《こうせい》への証文《しょうもん》とされた。だからこそ、声聞《しょうもん》たちは釈尊《しゃくそん》が亡《な》くなった後の人々や神々の有力支援者らにまるで仏のように尊敬されたのである。

法華経の行者《ぎょうじゃ》に守護《しゅご》がないことを反問

もし水が澄《す》めば、月はその光を惜《お》しむことなく映《うつ》し出す。もし風が吹けば、草木がなびかないことがあるだろうか。もし法華経の行者《ぎょうじゃ》がいるのなら、これらの聖人《しょうにん》たちは大火の中を通り過ぎ、大石の中を通り抜けてでも、行者のもとへやってくるはずである。迦葉《かしょう》は禅定《ぜんじょう》に入《はい》っている〈注16〉ので動けないのかもしれないが、それも事と次第によるはずである。どうなってしまったのか。不審《ふしん》だと言うくらいではまだ足りない。

「後《のち》の五百年」の時という予言が的中《てきちゅう》しないのか。「広宣流布《こうせんるふ》」という言葉はうそとなるのか。私が法華経の行者《ぎょうじゃ》ではないのか。

法華経を「経典《きょうてん》に記された教えの中（教内《きょうない》）」と見下《みくだ》して「経典に記された教え以外に仏の真意は別に伝えられた（教外別伝《きょうげべつでん》）」〈注17〉という大うそつきの者たちを声聞《しょうもん》たちは守ろうとするのか。「捨《す》てよ、閉《と》じよ、閣《さしお》け、抛《なげう》て〔捨閉閣抛《しゃへいかくほう》〕」〈注18〉と結論して、「法華経の門を閉じよ、経巻《きょうかん》を投げ捨てよ」との言葉を版木《はんぎ》に彫《ほ》って出版し、各地の法華堂〈注19〉を壊滅《かいめつ》させた者をお守りなさるのか。

天の神々は仏の前では誓《ちか》ったが、濁《にご》りきった時代の大難の激しさをみて、神々は天から下《くだ》っていらっしゃらないのか。太陽も月も天にある。須弥山《しゅみせん》は今でも崩《くず》れていない。海の潮《しお》も満干《みちひ》がある。四季もきまったとおりに巡《めぐ》り、何の乱れもない。このように諸天善神《しょてんぜんじん》が何もせず平然としているのを見ると、いったいどうなってしまったのか。大きな疑《うたが》いがますます積み重なるのです。

◇注　解◇

〈注1〉【四味《しみ》】天台大師智顗《てんだいだいしちぎ》が諸経典を内容に基づいて五つに分類し位置づけ、乳《ちち》から醍醐《だいご》を精製する五段階に譬えた。四味は、乳味《にゅうみ》・酪味《らくみ》・生蘇味《しょうそみ》・熟蘇味《じゅくそみ》で、それぞれ華厳《けごん》・阿含《あごん》・方等《ほうどう》・般若《はんにゃ》の諸経典に配当される。最後の醍醐味は、法華経・涅槃経《ねはんぎょう》に当てられる。

〈注2〉【須菩提尊者《しゅぼだいそんじゃ》は……立ち去ろうとした】維摩経《ゆいまきょう》では、空《くう》の理解が弟子の中で第一とされる須菩提《しゅぼだい》がかつて食べ物の布施《ふせ》を求めて維摩詰《ゆいまきつ》を訪ねた時、維摩詰が布施を与える条件として説《と》いた教えを理解できず、持っていた鉢《はち》も置いたまま立ち去ろうとした。

〈注3〉【舎利弗《しゃりほつ》は食べた物を吐き出した】『止観輔行伝弘決《しかんぶぎょうでんぐけつ》』巻二に、『十誦律《じゅうじゅりつ》』をふまえて、次のような話が記されている。

ある在家の有力信徒から釈尊《しゃくそん》の弟子たちが食事の供養《くよう》を受けた時、舎利弗《しゃりほつ》ら長老《ちょうろう》などがおいしいものをたっぷり食べ、初心者たちは不十分な食事しかできなかった。これを羅睺羅《らごら》から聞いた釈尊は、舎利弗に対して不浄《ふじょう》な食事をしたと叱責《しっせき》した。舎利弗は食べた物を吐き出し、今後二度と食事の供養《くよう》を受けないと誓った。

〈注4〉【鹿野苑《ろくやおん》】サンスクリットのムリガダーヴァの訳。現在のヴァーラーナシー市郊外のサールナート付近にあった。釈尊《しゃくそん》が最初に説法《せっぽう》（初転法輪《しょてんぼうりん》）した地。阿含時《あごんじ》の諸経はここで説《と》かれたとされる。

〈注5〉【人の唾《つば》を飲み込んだではないか】 別訳雑阿含経巻《べつやくぞうあごんぎょうまき》一に次のような話が記されている。提婆達多《だいばだった》が阿闍世王《あじゃせおう》に取り入るために、さまざまな姿《すがた》に身を変えて訪れていた。ある時、宝石《ほうせき》で身を飾《かざ》った子どもの姿《すがた》となって、阿闍世王の膝《ひざ》の上に上《のぼ》ると、王が抱《だ》きしめ口《くち》付《づ》けをした。提婆達多は王の歓心《かんしん》を買うため、王の唾を飲み込んだ。

〈注6〉【カースト】 御書本文は「種姓《しゅしょう》」（二〇五㌻）。古代インドの血統に基づく社会身分制度。聖職者身分《せいしょくしゃみぶん》のバラモン、王族身分のクシャトリア、平民《へいみん》身分のバイシャ、奴隷《どれい》身分のシュードラの四つの身分と、それらに属さず厳しい差別《さべつ》を受けたチャンダーラなどがあった。

〈注7〉【払子《ほっす》】 もともとは虫などを払いよけるための道具であったが、法要などで威厳《いげん》を示すための装飾具《そうしょくぐ》として用いられた。

〈注8〉【阿耆多王《あぎたおう》】 阿耆多はサンスクリットのアグニダッタの音写。釈尊存命中《しゃくそんぞんめいちゅう》のコーサラ国のヴァイランジャーの有力者であったバラモン。

〈注9〉【波瑠璃王《はるりおう》】 サンスクリットのヴィルーダカの音写。釈尊存命中《しゃくそんぞんめいちゅう》のコーサラ国の王。波斯匿王《はしのくおう》の子。波斯匿王は妃《きさき》を迦毘羅衛国《かびらえこく》（カピラヴァストゥ）に求めたが、釈迦族《しゃかぞく》は王の勢力を恐れ、釈摩男《しゃくまなん》の召使《めしつか》いである女が産んだ美女を王女と偽《いつわ》って王に差し出した。この女と波斯匿との間に生まれたのが波瑠璃王である。波瑠璃王は後にこのことを知って激怒し、復讐《ふくしゅう》として釈迦族に対し大量殺戮《たいりょうさつりく》を行った。これは釈尊が存命中に受けた九つの難（九横《くおう》の大難《だいなん》）の一つに当たる。

〈注10〉【華色比丘尼《けしきびくに》】『大智度論《だいちどろん》』などによると、釈尊《しゃくそん》の弟子である華色比丘尼（蓮華比丘尼《れんげびくに》）は、提婆達多《だいばだった》が岩を落として釈尊を傷つけて血を出させた時に、提婆達多を非難して、提婆達多に殴《なぐ》り殺されたという。

〈注11〉【迦盧提尊者《かるだいそんじゃ》は馬糞《ばふん》にうずめられ】『十誦律《じゅうじゅりつ》』巻十七には次のように記されている。迦盧提（カーローダーイン）は、舎衛城《しゃえじょう》（シュラーヴァスティー）で淫欲《いんよく》を諫《いさ》め戒《かい》を持《たも》つべきであると説法《せっぽう》をしたが、ある婦人が賊《ぞく》の首領《しゅりょう》と密通《みっつう》していることが迦盧提に知られたと思い込み、婦人が迦盧提を騙《だま》して招き、賊に殺させた。その首は切られて馬糞にうずめられたという。

〈注12〉【目連尊者《もくれんそんじゃ》は竹杖外道《ちくじょうげどう》に殺害《さつがい》された】『毘奈耶雑事《びなやぞうじ》』巻十八によると、目犍連は舎利弗とともに王舎城《おうしゃじょう》（ラージャグリハ）を巡行中《じゅんこうちゅう》、竹杖外道《ちくじょうげどう》に出会い、その師を破したため、杖で打ち殺されたという。

〈注13〉【波斯匿王《はしのくおう》】波斯匿は、サンスクリットのプラセーナジットの音写。釈尊存命中《しゃくそんぞんめいちゅう》のコーサラ国の王で、波瑠璃《はるり》（ヴィルーダカ）王の父。初めは仏教に反対だったが、後に釈尊に帰依《きえ》し仏教を保護した。

〈注14〉【三災七難《さんさいしちなん》】三災は、大小二種類あるが、ここでは小の三災である穀貴《こっき》（飢饉《ききん》による穀物《こくもつ》の高騰《こうとう》）・兵革《ひょうかく》（戦乱《せんらん》）・疫病《えきびょう》。七難は天変地異《てんぺんちい》や内乱や他国からの侵略《しんりゃく》などの七種の災難で、経典によって異なる。

〈注15〉【菴羅苑《あんらおん》】釈尊存命中《しゃくそんぞんめいちゅう》の都市・ヴァイシャーリーにあったマンゴーの果樹園。この園を所有していた遊女アームラパーリーが釈尊に帰依《きえ》し、園を供養したと伝えられる。

〈注16〉【迦葉《かしょう》は禅定《ぜんじょう》に入っている】摩訶迦葉《まかかしょう》は、釈尊《しゃくそん》が亡《な》くなった後、正統な後継者となって教えを広めて、阿難《あなん》にその任《にん》を譲ったが、それ以来、鶏足山《けいそくせん》で禅定《ぜんじょう》に入って弥勒菩薩《みろくぼさつ》が五十六億七千万年後にこの娑婆世界《しゃばせかい》に仏として出現するのを待っているとされた。

〈注17〉【教外別伝《きょうげべつでん》】禅宗《ぜんしゅう》の主張で、大梵天王問仏決疑経《だいぼんてんのうもんぶつけつぎきょう》に基づいて、釈尊《しゃくそん》の真意は言葉や文字による教えではなく心から心へ摩訶迦葉《まかかしょう》に伝承されたとする。

〈注18〉【捨閉閣抛《しゃへいかくほう》】浄土宗《じょうどしゅう》の開祖・法然《ほうねん》（源空《げんくう》）は『選択本願念仏集《せんちゃくほんがんねんぶっしゅう》』で、浄土教以外の諸経典の教えや念仏以外の実践を排除《はいじょ》することを説《と》いたが、それを簡潔にまとめた言葉。

〈注19〉【法華堂《ほっけどう》】法華三昧《ほっけざんまい》（法華経に基づく禅定《ぜんじょう》の修行、後には懺悔滅罪《さんげめつざい》の儀礼《ぎれい》を含む法《ほっ》華懺法《けせんぼう》をいう）を行う堂。葬送《そうそう》を行う場としても用いられた。

第26段　菩薩《ぼさつ》などには爾前経《にぜんきょう》の恩《おん》はない

（御書二〇七ジペー十行目～二〇八ジペー十行目）

爾前経《にぜんきょう》での菩薩《ぼさつ》への成仏《じょうぶつ》の保証《ほしょう》は有名無実《ゆうめいむじつ》

また、大菩薩《だいぼさつ》たちや神々や人々などについていえば、法華経以前の諸経で未来世における成仏《じょうぶつ》の保証《ほしょう》を得《え》たように見えるが、それは水面に浮かぶ月を取ろうとしたり、影像《えいぞう》を本体と思うようなもので、見かけだけはあるが、内実はない。仏の恩《おん》もまた、深いと言えば深いが、それほど深くない。

華厳経《けごんぎょう》に即して爾前経《にぜんきょう》には恩《おん》がないことを説《と》く

釈尊《しゃくそん》が今世《こんぜ》で仏になった時、まだ教えを説《と》かないうちに、法慧菩薩《ほうえぼさつ》・功徳林《くどくりん》菩薩《ぼさつ》・金剛幢菩薩《こんごうどうぼさつ》・金剛蔵菩薩《こんごうぞうぼさつ》などという六十人余《あま》りの大菩薩〈注1〉が、十方《じっぽう》の仏たちの国土から、教主釈尊《きょうしゅしゃくそん》の前に来て、賢首菩薩《げんじゅぼさつ》〈注2〉や解脱月菩薩《げだつがつぼさつ》〈注3〉などの求めに応じて、十住《じゅうじゅう》・十行《じゅうぎょう》・十回向《じゅうえこう》・十地《じゅうじ》などの法門〈注4〉を説いた。これらの大菩薩たちが説いた教えは、釈尊から習ったものではない。

十方《じっぽう》の世界から梵天《ぼんてん》らをはじめとする神々も来て法《ほう》を説《と》いたが、これらの教えも釈尊《しゃくそん》から習ったものではない。

一般に、華厳経《けごんぎょう》の説法の座の大菩薩《だいぼさつ》や神々・竜《りゅう》などは、釈尊《しゃくそん》が出現《しゅつげん》する前に不思議解脱《ふしぎげだつ》〈注5〉という境地《きょうち》にあった大菩薩たちである。釈尊が過去世《かこせ》に菩薩の修行をしていた時の弟子であるかもしれないし、十方の世界に釈尊以前に現れた仏の弟子であるかもしれない。どちらにしても、一生にわたってさまざまな教えを説《と》いた始成正覚《しじょうしょうがく》の仏である釈尊の弟子ではない。

方等《ほうどう》・般若《はんにゃ》の別《べつ》・円《えん》の二教《にきょう》は法慧《ほうえ》ら菩薩《ぼさつ》の教《おし》え

阿含時《あごんじ》・方等時《ほうどうじ》・般若時《はんにゃじ》の三つの時期にわたり、蔵《ぞう》・通《つう》・別《べつ》・円《えん》の四教《しきょう》を釈《しゃく》尊《そん》が説《と》いた時になって、ようやく弟子といえる者たちは出現したのである。

しかし、この四教《しきょう》もまた、釈尊《しゃくそん》が自分で説《と》いた教えではあるが、釈尊の教えの核心となるものではない。

(208)

その理由はどういうことかと言うと、方等時《ほうどうじ》・般若時《はんにゃじ》の別《べつ》・円《えん》の二教は、華《け》厳経《ごんぎょう》で説《と》かれた別《べつ》・円《えん》の二教の内容を超《こ》えるものではない。

華厳経《けごんぎょう》の別《べつ》・円《えん》の二教は、教主釈尊《きょうしゅしゃくそん》の別・円の二教ではなく、法慧菩薩《ほうえぼさつ》ら大菩薩たちが説《と》いた別・円の二教である。これらの大菩薩たちは、事情を知らない人が見れば釈尊のお弟子かと見えるが、釈尊のお師匠《ししょう》と言ったほうがよい。

釈尊《しゃくそん》は、法慧菩薩《ほうえぼさつ》らの述べたことを聞いて智慧《ちえ》が発現《はつげん》した後、彼らが言ったことをそのままくりかえして方等時《ほうどうじ》・般若時《はんにゃじ》の別《べつ》・円《えん》の二教を説《と》いた。それは、そっくりそのまま華厳経《けごんぎょう》の別・円の二教である。それ故《ゆえ》、これらの大菩薩たちは釈尊の師匠なのである。

華厳経《けごんぎょう》で、これらの菩薩《ぼさつ》たちを列挙《れっきょ》して善知識《ぜんちしき》〈注6〉と呼んでいるのは、このことである。善知識というのは、完全に師匠《ししょう》だというのでもなく、完全に弟子だというのでもない状態であるということである。

蔵《ぞう》・通《つう》の二教は、その上、別《べつ》・円《えん》の二教から見れば枝葉《えだは》の教えである。別・円の二教を知る人は、必ず蔵・通の二教も知るのである。

爾前《にぜん》では菩薩《ぼさつ》の師ではなかった釈尊《しゃくそん》

誰かの師匠《ししょう》というのは、弟子の知らないことを教えた人が師匠なのである。

同様の例を挙《あ》げると、釈尊《しゃくそん》以前の一般の人々や神々と仏教以外の諸思想の者たちは、二神《にしん》・三仙《さんせん》〈注7〉の弟子である。仏教以外の諸思想は九十五派まで分派したが、三仙の思想を超えるものではない。

教主釈尊《きょうしゅしゃくそん》もそうした人々から学んで仏教以外の諸思想の指導者たちの弟子であったが、肉体の苦痛をともなう苦行《くぎょう》と瞑想《めいそう》に専念する楽行《らくぎょう》を行って十二年が経った時、苦《く》・空《くう》・無常《むじょう》・無我《むが》という真理〈注8〉を初めて覚《さと》ったので、これ以後、仏教以外の諸思想の指導者の弟子と名乗ることをやめ、自《みずか》らの智慧《ちえ》を「師を持たずに得た智慧」と称したのである。

さらに、これまで知られていなかった真理を覚ったからこそ、人々や神々も釈尊を偉大な師匠として尊敬したのである。

それ故《ゆえ》、醍醐味《だいごみ》である法華経を説《と》く前に四味《しみ》の教えを説いた期間においては、教主釈尊《きょうしゅしゃくそん》は法慧菩薩《ほうえぼさつ》たちの弟子である。

同様の例を挙げれば、文殊師利菩薩《もんじゅしりぼさつ》は釈尊から見て九代前の仏の師匠《ししょう》であるというようなものである。

いつも、諸経で「私（釈尊《しゃくそん》）はこれまで一字も説《と》いていない」と説いているのも、このことである。

◇注　解◇

〈注1〉【六十人余《あま》りの大菩薩《だいぼさつ》】華厳経《けごんぎょう》では、成道《じょうどう》間もない釈尊《しゃくそん》の前に、法慧《ほうえ》・功徳林《くどくりん》・金《こん》剛幢《ごうどう》・金剛蔵《こんごうぞう》の四菩薩を上首とする六十余《あま》りの菩薩たちが、十方の諸仏の国土より来集し、賢首菩薩《げんじゅぼさつ》・解脱月《げだつがつ》などの菩薩の要請に応じて、菩薩の修行段階《しゅぎょうだんかい》である五十二位の法門《ほうもん》を説《と》いた。すなわち、法慧菩薩《ほうえぼさつ》は十住《じゅうじゅう》を、功徳林菩薩《くどくりんぼさつ》は十行《じゅうぎょう》を、金剛幢菩薩《こんごうどうぼさつ》は十回向《じゅうえこう》を、金剛《こんごう》蔵菩薩《ぞうぼさつ》は十地《じゅうじ》を説いた。

　華厳経《けごんぎょう》では、釈尊《しゃくそん》自身は何も法を説《と》かず、菩薩《ぼさつ》たちが仏の神力《じんりき》を受けて説いたとされる。仏の覚《さと》りは言葉では表現できないほど深いものであるから、菩薩の修行段階《しゅぎょうだんかい》とその功徳《くどく》を示すことによって、それより優《すぐ》れた仏の境地《きょうち》を間接的に明かしたのである。

〈注2〉【賢首菩薩《げんじゅぼさつ》】華厳経《けごんぎょう》の会座《えざ》に来集した菩薩の一人。文殊師利菩薩《もんじゅしりぼさつ》の問いに答えて、信の功徳《くどく》を説《と》き、十種の三昧門《さんまいもん》を明かしている。

〈注3〉【解脱月菩薩《げだつがつぼさつ》】華厳経《けごんぎょう》の会座《えざ》に来集した菩薩の一人。金剛蔵菩薩《こんごうぞうぼさつ》が菩薩の修行の階位である十地《じゅうじ》の名を説《と》いた後、詳説《しょうせつ》しなかったので、解脱月菩薩は大衆《だいしゅ》を代表して金剛蔵菩薩にその義を説法することを請《こ》うたとされる。その要請によって十地品が説かれている。

〈注4〉【十住《じゅうじゅう》・十行《じゅうぎょう》・十回向《じゅうえこう》・十地《じゅうじ》などの法門《ほうもん》】華厳経《けごんぎょう》に関連する菩薩瓔珞本業経《ぼさつようらくほんぎょうきょう》で菩薩の段階的な修行を説いた五十二位の法門。

〈注5〉【不思議解脱《ふしぎげだつ》】二乗《にじょう》（声聞《しょうもん》・縁覚《えんがく》）の得た覚《さと》りでは思い量ることができない大乗《だいじょう》の深遠な覚りの境地《きょうち》。

〈注6〉【善知識《ぜんちしき》】仏道修行を支え助ける人。

〈注7〉【二神《にしん》・三仙《さんせん》】御書本文は「二天・三仙」（二〇八ページ）。本抄の冒頭、第3段でも言及されていたが、古代インドの伝統思想で尊敬された神々や聖者《せいじゃ》。二神は、毘紐天《びちゅうてん》（ヴィシュヌ神）と摩醯首羅天《まけいしゅらてん》（マヘーシュヴァラ、大自在天《だいじざいてん》、シヴァ神）。三仙とは数論《すろん》（サーンキヤ）学派の祖とされる迦毘羅《かびら》（カピラ）、勝論《かつろん》（ヴァイシェーシカ）学派の祖とされる漚楼僧佉《うるそうぎゃ》（ウルーカ）、ジャイナ教の祖とされる勒沙婆《ろくしゃば》（リシャバ）。

〈注8〉【苦《く》・空《くう》・無常《むじょう》・無我《むが》という真理】仏教の最も基本的な四つの法理。一切皆苦《いっさいかいく》（迷いの境涯《きょうがい》の中ではすべて苦しみである）、一切皆空《いっさいかいくう》（あらゆるものに固定的な実体はない）、諸行無常《しょぎょうむじょう》（生成したあらゆるものは永遠ではなく移り変わっていく）、諸法無我《しょほうむが》（あらゆる事物事象には固定的な実体がない）の四つ。

第27段　法華経の深い恩《おん》を明かす（前半）

（御書二〇八ジペー十一行目～二一〇ジペー三行目）

四十余年の諸経を未顕真実《みけんしんじつ》と打ち破る

釈尊《しゃくそん》が七十二歳の時、マガダ国の霊鷲山《りょうじゅせん》という山で無量義経《むりょうぎきょう》を説《と》いた際に、それまでの四十年余《あま》りに説いたさまざまな経典を挙げて、その他の枝葉の経典をその中に含めて「四十年余りの間には、まだ真実を顕《あらわ》していない（四十余年・未顕真実《みけんしんじつ》）」と否定したのは、このことである。

このときはじめて、大菩薩《だいぼさつ》たちや神々や人々は、びっくりして「真実の教えを説《と》いてほしい」と言ったのである。

無量義経《むりょうぎきょう》では真実の教えと思われるものが一言あったが、まだ真実の教えそのものは説《と》かれていない。譬《たと》えて言えば、月がもうすぐ出るという時、月そのものは東の山にかくれており、光は西の山にまでとどいていても、人々には月そのものは見えないようなものである。

略開三顕一《りゃくかいさんけんいち》で一念三千《いちねんさんぜん》を簡略《かんりゃく》に説《と》く

法華経方便品《ほうべんぼん》の「略開三顕一《りゃくかいさんけんいち》」の時、釈尊《しゃくそん》は以前から心の中にいだいていた一念三千《いちねんさんぜん》の教えを簡略《かんりゃく》な形で公《おおやけ》にした。

最初なので、初夏の訪れを告げるホトトギスの声を寝《ね》ぼけている者がひと声聞いたように、あるいは、月が山の端《は》から出たものの薄雲《うすぐも》が覆《おお》っているように、まだはっきり分かるというほどではなかった。

しかしそれに舎利弗《しゃりほつ》たちは驚《おどろ》いて、神々や竜神《りゅうじん》・大菩薩《だいぼさつ》たちを集めて、「神々や竜神たちはガンジス川の砂《すな》のように多くいます。仏に成《な》ることを求める菩薩たちは八万人もいます。また、万億《まんのく》もの国からそれぞれ転輪聖王《てんりんじょうおう》〈注1〉が来ています。これら皆が合掌《がっしょう》し、うやうやしい気持ちで具足《ぐそく》の道《どう》（成仏《じょうぶつ》のための完全な教え）を聞きたいと望《のぞ》んでいます」とお願いした。

経文の意味は、醍醐味《だいごみ》である法華経以外の四味《しみ》の教えである、蔵《ぞう》・通《つう》・別《べつ》の三教を説《と》いた、四十年余《あま》りの間には、まだ聞いたことのない法門《ほうもん》をお聞きしたいとお願いしたのである。

皆が求めた「具足《ぐそく》の道《どう》」とは妙法

この経文に「具足《ぐそく》の道《どう》を聞きたいと望《のぞ》んでいます」と言うのは、以下のことから考えてみよう。

涅槃経《ねはんぎょう》には「（梵語《ぼんご》〈サンスクリット〉の）『薩《さ》』は具足《ぐそく》を意味する」とある。『無依無得大乗四論玄義記《むえむとくだいじょうしろんげんぎき》』には『沙《さ》』は六と訳す〈注2〉。西域《さいいき》の習慣では六には具足《ぐそく》の意味がある」といっている。

吉蔵《きちぞう》〈注3〉の注釈書では「『沙《さ》』は具足《ぐそく》と翻訳する」とある。天台《てんだい》の『法華玄義《ほっけげんぎ》』第八巻には『薩《さ》』とは梵語《ぼんご》であり、中国では妙《みょう》と翻訳する」と説《と》かれている。

付法蔵の十三番目であり、真言宗《しんごんしゅう》・華厳宗《けごんしゅう》など諸宗の元祖《がんそ》であり、真実の境《きょう》地《ち》は法雲自在王如来《ほううんじざいおうにょらい》であり、衆生《しゅじょう》を教え導《みちび》くための姿は竜猛菩薩《りゅうみょうぼさつ》であり、初地《しょじ》の位《くらい》にある、この偉大な聖人《しょうにん》〈注4〉が著した『大智度論《だいちどろん》』千巻の肝心では、『薩《さ》』とは六である」などと説《と》いている。

妙法蓮華経《みょうほうれんげきょう》というのは漢語である。インドではサッダルマ・プンダリーカ・スートラムという。

善無畏三蔵《ぜんむいさんぞう》が伝えた法華経の肝心を表す呪文《じゅもん》には「曩謨《のうまく》〈帰依《きえ》いたします〉三曼陀没駄南《さんまんだぼだなん》〈すべての仏たちに〉、唵《おん》〈三身如来《さんじんにょらい》〉、阿阿暗悪《ああああんなく》〈開示悟入《かいじごにゅう》〉、薩縛勃陀《さるばぼだ》〈あらゆる仏〉、枳攘《きのう》〈知《ち》〉、娑乞蒭毘耶《さきしゅびや》〈見《けん》〉、誐々曩三娑縛《ぎゃぎゃのうさんそば》〈虚空《こくう》のような〉、羅乞叉儞《あらきしゃに》〈認識の対象にならないということである〉、薩哩達磨《さつりだるま》〈正法《しょうほう》〉、浮陀哩迦《ふんだりきゃ》〈白蓮華《びゃくれんげ》〉、蘇駄覧《そたらん》〈経《きょう》〉、惹《じゃく》〈入《にゅう》〉、吽《うん》〈遍《へん》〉、鑁《ばん》〈作《さ》〉〈注5〉、発《こく》〈歓喜《かんぎ》〉、縛曰羅《ばざら》〈堅固《けんご》〉、羅乞叉鉿《あらきしゃまん》〈擁護《おうご》〉、吽《うん》〈実体がなく、特性がなく、欲求がない〉、娑婆訶《そわか》〈必ず成就する〉」とある。

この呪文《じゅもん》は南インドの鉄塔の中にあった法華経の肝心《かんじん》を表す呪文である〈注6〉。

この呪文《じゅもん》の中で「薩哩達磨《さつりだるま》」と言っているのは正法《しょうほう》のことである。「薩《さ》」というのは正《しょう》である。正は妙であり、妙は正である。つまり、「正法華」「妙法華」にほかならない。

また妙法蓮華経の上に「曩謨《のうまく》」すなわち「南無《なむ》」の二字をおいている。つまり、南無妙法蓮華経にほかならない。

一文字一文字に十界互具《じっかいごぐ》の義《ぎ》

「妙」とは具足《ぐそく》であり、「六」とは六波羅蜜《ろくはらみつ》〈注7〉にまとめられる膨大《ぼうだい》な修行である。舎利弗《しゃりほつ》たちは、六波羅蜜にまとめられる膨大な修行を具足する方途《ほうと》を聞きたいと思ったのである。「具」とは十界互具《じっかいごぐ》である。「足」とは、一界に十界があるので、どの界でも、その界のままで、残りの界があるということで、欠《か》けることなく満ち足りているという意味である。

この法華経は一部八巻・二十八品・六万九千三百八十四字から成《な》るが、その一文字一文字は皆、「妙」の一字をそなえていて、三十二相《さんじゅうにそう》・八十種好《はちじっしゅこう》〈注8〉がすべてある仏である。（この「妙」の一字の力によって）十界のいずれにおいても、それぞれの界の仏界を顕《あらわ》すのである。

妙楽《みょうらく》は「あらゆる衆生《しゅじょう》の心には仏の境涯《きょうがい》までもある。他の九界《きゅうかい》の境涯も同様にそなえている」（『止観輔行伝弘決《しかんぶぎょうでんぐけつ》』）と言っている。

九界《きゅうかい》に等しく「仏知見《ぶっちけん》」が備わる

舎利弗《しゃりほつ》らの「具足《ぐそく》の道《どう》を聞きたい」との願いに仏は応えて「あらゆる仏は、衆生《しゅじょう》に仏知見《ぶっちけん》（仏の智慧《ちえ》）を開かせようとする」（方便品《ほうべんぼん》）と言われた。

「衆生《しゅじょう》」とは舎利弗《しゃりほつ》である。また、「衆生」とは一闡提《いっせんだい》である。また、「衆生」とは九界《きゅうかい》のことである。あらゆる衆生をすべて救《すく》おうとの誓願《せいがん》（衆生無辺誓願度《しゅじょうむへんせいがんど》〈注9〉）がこの時に達成されたのである。

法華経に「私は過去に誓願《せいがん》を立て、あらゆる衆生《しゅじょう》が私と等しく異なることのないようにしたいと願った。私が昔、願ったことは、今、達成された」（方便品《ほうべんぼん》）と説《と》かれている。

法華経迹門《ほけきょうしゃくもん》で理《り》の一念三千《いちねんさんぜん》を顕《あらわ》す

大菩薩《だいぼさつ》たちや神々などは、この教えを聞いて内容を理解して次のように言った。

「私たちは昔から、何度も釈尊《しゃくそん》の説法を聞いてきたが、いまだかつてこれほど深遠なすばらしい教えを聞いたことがない」（譬喩品《ひゆほん》）と。

伝教大師《でんぎょうだいし》は次のように言っている。

『私たちは昔から、何度も釈尊《しゃくそん》の説法《せっぽう》を聞いてきたが』とは、昔、法華経の前に、華厳経《けごんぎょう》などの重要な教えを説《と》くのを聞いたが、ということである。『いまだかつてこれほど深遠なすばらしい教えを聞いたことがない』とは、法華経で説く、仏に成《な》ることを目指すという唯一《ゆいいつ》の真実の教えをこれまで聞いたことがなかったということである」（『守護国界章《しゅごこっかいしょう》』）と。

華厳時《けごんじ》・方等時《ほうどうじ》・般若時《はんにゃじ》の諸経《しょきょう》、解深密経《げじんみっきょう》・大日経《だいにちきょう》など、ガンジス川の砂の数ほど無数の大乗経典《だいじょうきょうてん》では、釈尊《しゃくそん》のすべての教えの肝心である一念三千《いちねんさんぜん》を明かす根幹《こんかん》・骨髄《こつずい》の教えである二乗作仏《にじょうさぶつ》や久遠実成《くおんじつじょう》などを聞いたことがなかったと彼らは理解したのである。（第27段後半につづく）

「開目抄」（上）終わり

◇注　解◇

〈注1〉**【転輪聖王《てんりんじょうおう》】** 古代インドの伝承《でんしょう》で、全世界を統治するとされる理想の王のこと。

〈注2〉**【『薩《さ》』は具足《ぐそく》を……『沙《さ》』は六と訳す】**「薩」はサンスクリットの sat の音を写した漢字。sat には、〝正しい、すばらしい〟という意味がある。「沙」はサンスクリットの ṣa の音を写した漢字。「六」は、ṣaṣ である。インドの俗語《ぞくご》では、s と ṣ は区別がないものがあり、仏典の写本でも区別されないものがある。

〈注3〉**【吉蔵《きちぞう》】** 五四九年～六二三年。中国の隋《ずい》・唐《とう》の僧。三論《さんろん》宗を大成《たいせい》した。嘉祥寺《かじょうじ》に居住したので嘉祥大師《かじょうだいし》と称された。主著に『法華義疏《ほっけぎしょ》』がある。

〈注4〉**【この偉大な聖人《しょうにん》】** 竜樹《りゅうじゅ》（ナーガールジュナ）のこと。密教《みっきょう》では竜猛《りゅうみょう》と訳す。

〈注5〉**【作《さ》】** 御書本文は「住」（二〇九ページ）。ここでは、日興上人《にっこうしょうにん》の「開目抄要文《かいもくしょうようもん》」などによって「作」を採用した。

〈注6〉**【南インドの鉄塔の中にあった法華経の肝心《かんじん》を表す呪文《じゅもん》である】** 真言宗《しんごんしゅう》では、南インドの鉄塔の中におさめられていた大日経《だいにちきょう》などの真言秘経《しんごんひきょう》を竜樹《りゅうじゅ》が金剛薩埵《こんごうさった》から授《さず》かったとしている。

〈注7〉【六波羅蜜《ろくはらみつ》】菩薩《ぼさつ》が成仏《じょうぶつ》のために成し遂げる六つの修行。布施《ふせ》・持戒《じかい》・忍辱《にんにく》・精進《しょうじん》・禅定《ぜんじょう》・智慧《ちえ》の六つを完成させること。

〈注8〉【三十二相《さんじゅうにそう》・八十種好《はちじっしゅこう》】仏がそなえている壮麗《そうれい》な特徴。大きな特徴が三十二、細かな特徴が八十あるとされる。

〈注9〉【衆生無辺誓願度《しゅじょうむへんせいがんど》】すべての菩薩《ぼさつ》が立てる四弘誓願《しぐぜいがん》の第一とされる。

現代語訳　開目抄（上）

発行日　二〇一六年五月　三　日
第2刷　二〇一九年六月二十日

監　修　池田大作

編　者　創価学会教学部

発行者　松岡　資

発行所　聖教新聞社
〒一六〇-八〇七〇　東京都新宿区信濃町一八
電話〇三―三三五三―六一一一（大代表）

印刷所　株式会社　精興社

製本所　牧製本印刷株式会社

＊

定価は表紙に表示してあります
ISBN978-4-412-01602-6